宁高宁管理笔记

五步组合论

Ⅴ

价值创造与评价

宁高宁 ◎ 著

企业管理出版社
ENTERPRISE MANAGEMENT PUBLISHING HOUSE

图书在版编目（CIP）数据

五步组合论．价值创造与评价 / 宁高宁著．—北京：企业管理出版社，2023.3
（宁高宁管理笔记）
ISBN 978-7-5164-2772-9

Ⅰ．①五⋯　Ⅱ．①宁⋯　Ⅲ．①企业管理—文集　Ⅳ．① F272-53

中国版本图书馆 CIP 数据核字（2022）第 238537 号

书　　名：	五步组合论：价值创造与评价
书　　号：	ISBN 978-7-5164-2772-9
作　　者：	宁高宁
责任编辑：	徐金凤　黄　爽
出版发行：	企业管理出版社
经　　销：	新华书店
地　　址：	北京市海淀区紫竹院南路 17 号　　邮　编：100048
网　　址：	http://www.emph.cn　　电子信箱：emph001@163.com
电　　话：	编辑部（010）68701638　　发行部（010）68701816
印　　刷：	北京联兴盛业印刷股份有限公司
版　　次：	2023 年 3 月第 1 版
印　　次：	2025 年 10 月第 8 次印刷
开　　本：	710mm×1000mm　1/16
印　　张：	12.5 印张
字　　数：	174 千字
定　　价：	50.00 元

版权所有　翻印必究　·　印装有误　负责调换

自序 PREFACE

因为我领导过四家世界 500 强企业，中国华润（集团）有限公司、中粮集团有限公司、中国中化集团有限公司和中国化工集团有限公司及后来两家整合的中国中化控股有限责任公司，这样我也被善意地贴上了一个执掌过四家世界 500 强企业的标签。我粗略查了一下，全球企业界这样的人还真不多，所以我听了这称呼也很高兴。就好像比赛中的游泳运动员，本来只顾着低头划水，没想到抬起头来一看有人鼓掌，当然有点乐滋滋的。虽然我高兴，但我也不想以此事误导大家，因为这个世界 500 强本来就是个杂志的统计，不是个很严谨的评价，而且排名依据是销售额，并不能说明企业真正的水平，所以不应奉为成功的标准。另外，我任职的几家企业都是国有企业，我的职务也是组织上任命的，与国际上的 500 强企业不同，这一点我们应该很清楚。也就是说，中国人里如果组织任命的话能领导几家世界 500 强企业的人肯定不止我一个，还有很多。

但我也不能太谦虚，毕竟我参与过的几家企业都发展了，战略上有转型有升级，市场竞争力上有增强，营利能力也提高了，而且现在还在持续进步，我当时和团队尽心尽力工作也算是有成绩。热心的媒体不仅广泛报道这个现象，还分析其原因。有的说宁高宁善于搞并购整合，有的说宁高宁有企业家精神敢于冒险，也有的说宁高宁运气好，还有人说他们家三兄弟都挺好是因为家里教育好。这些说法可能都有些道理，但是都不会是最终答案。其实我也不知道答案是什么，如果再来一次我也不知道还能不能做好。因为这件事是一个雾里行走摸索前行的过程，没有包打天下的简单答案。现在常有人问我，如果让你用一句话来总结自己怎么说？我说就是好好干，其他总结不了。因为它是一个过程，所以想探究原因就要了解这个过程。如果说我经历过几家世界500强企业的发展是件有意思的事，如果说我在这几家企业的发展中起了些作用，如果今天回头看想找出点道理来，那么现在集合起来的这套"宁高宁管理笔记"之《五步组合论》就是记录当时过程的原始的文字。这些文字并没有修饰过，也很不完整，只是记录了一些片段，更不是经验介绍，它有很多初级的、幼稚的、粗糙的观点，但它是一个过程，加起来30多年的过程，从中可感受到当时的情景。我自己再回头翻看时还能感受到当时的气息、味道，特别是错误。我相信读者看的时候也会有类似的感觉。看一个人要看他的成长过程，看一家企业也要看他的成长过程，特别是当你看到在这个过程中他一会儿天真幼稚，一会儿跌跌撞撞，可他还是顽强地跑了很远，这个过程就能带来些启发。

在这个过程的背后，并不一定引人注意的特点有两个，我想单独说一下。

一是这些企业的团队学习能力。因为中国现在的企业大都成立在改革开放之后，他们产生的背景并不是成熟的市场，但他们出生后立刻要面对的就是市场化甚至国际化的竞争和规则。他们就像基础不好的插班生，必须努力学习赶上。所以对中国企业来讲，能不能有意识地、主动地、不断地学习进化，是让他们拉开距离的主要原因。从这本书里记录的这些事情看，我经历的这几家企业，都有一个特点，他们都有学习反思、自我完善的能力，他们像虔诚的小学生一样不断学习，是学习型的团队。我们讲过学习型组织，甚至学习型国家，这里的学习并不仅仅是指喜欢读书学习，其所代表的是不断认识新的变化、不断探索、不断思考并与实践相结合的能力。为什么他们的投资失误相对较少？为什么面临困难的企业可以转型成功？为什么小业务可以持续发展直到建立行业领导地位？为什么他们内部的思想相对比较统一？这些都与学习型团队有关。这也就是整个组织的认知、学习、思考、实践并不断完善及在此基础之上的创造的能力。华润和中粮多年前就有这个说法——我们的企业就是一所大学，不同的是我们有个即时的实验场来检验。这里的实践者也是学习者、思考者。我现在还记得当时开那些几天几夜不停的团队学习会议，想起来都是令人无限怀念和感慨的时光。

二是不断反思总结规律。企业管理虽然没有统一不变的全能方法，但有一定的规律，规律就是我们在试验过多种方法后梳理出来的要遵循的原则。相对于其他学科，企业管理成为专门学科较晚，而且在不同的社会文化和经济环境下，企业管理原则应该有不同的变化。中国的企业管理学科借用西方较多，许多重要的理论框架无论是战略还是市场都是从西方引进过来的，虽然它们也是西方多年商业实践的结晶，但与中国企业的实际不完全吻合。其实，受了西方企业管理教育的中国企业管理者也在不断地与水土不服斗争。如企业中关于团队的组织发展，战略的多元化与专业化，中国企业的并购整合及国际化，市场营销中对消费者的认知，中国都有很强的独特性，其规律要在实践中摸索总结。在我任职的这几家企业中，在实践中不断寻求探索规律和方法并形成共识来指导企业的发展也是其重要特点。由此才有了你会在书中看到的五步组合论、6S管理、价值管理四要素、战略十步法、经理人标准等基于企业实际提炼出来的工作方法，以及华润形成的对多元化企业管理的方法，中粮对全产业链的管理方法，中化集团基于科学至上理念的重组转型和协同管理的方法。

  这本书的时间跨度可能有 30 年，其内容大都是与团队讨论总结出来的，是一个思考的过程，是原创。这也是一个实战的过程，这些理念方法都被广泛使用过，充满激情地实践过，并且在过程中不断修正完善。今天回头看，这些实践都被市场和时间检验过，也是相对成功的，这是其珍贵之处。

2023 年 1 月 26 日于上海

目录
CONTENTS

第五步 价值创造与评价

002 • 做预算

004 • 讲信用

006 • 更自然

008 • 大娃娃

010 • 信不信

012 • 沙尘暴

014 • 价值论

018 • 组织者

021 • 利用国际资本市场

025 • 评企业

027 • 金丝雀

029 • 寡妇钱

031 • 颐和园

033 • 承前启后，基业长青

- 041 · 现金流
- 044 · GDP
- 046 · 跑马地
- 048 · 出发点
- 050 · 持续性
- 052 · 为什么
- 055 · 谁怕谁
- 057 · 数字谈
- 060 · 货币谈
- 062 · 定标准
- 064 · 历史感
- 066 · 说预期
- 068 · 形势·应对
- 073 · 好与坏
- 075 · 探索与思考
- 082 · 申论题
- 086 · 安全环保提升战略高度
- 090 · 水晶球
- 092 · 价值观
- 094 · 走向市场，面向成功
- 096 · 在考核中导入标杆管理
- 099 · 崇拜持续发展的好企业
- 101 · 逛书店

- 103 · 市值管理
- 107 · 从标杆差距中寻动力
- 110 · 新常态
- 112 · 打造国际化的新中粮
- 114 · 谁为中国的米袋子负责
- 116 · 反思
- 118 · 要有理想、精神和信念
- 122 · 用好五大发展理念
- 128 · 成为受人尊敬的公司
- 130 · 实现真正转型
- 132 · 防控风险，把握机遇
- 135 · 企业的本质
- 137 · 追求健康、持续、有内涵的业绩成长
- 143 · 踏上高成长轨道，培育核心竞争力
- 145 · HSE
- 149 · 明天，中化会发生什么
- 154 · 高效率
- 156 · 世界一流企业
- 162 · 协同、对标、攻坚
- 168 · 均好才可持续
- 175 · 大与强
- 178 · 小总部、大业务
- 184 · 公司使命

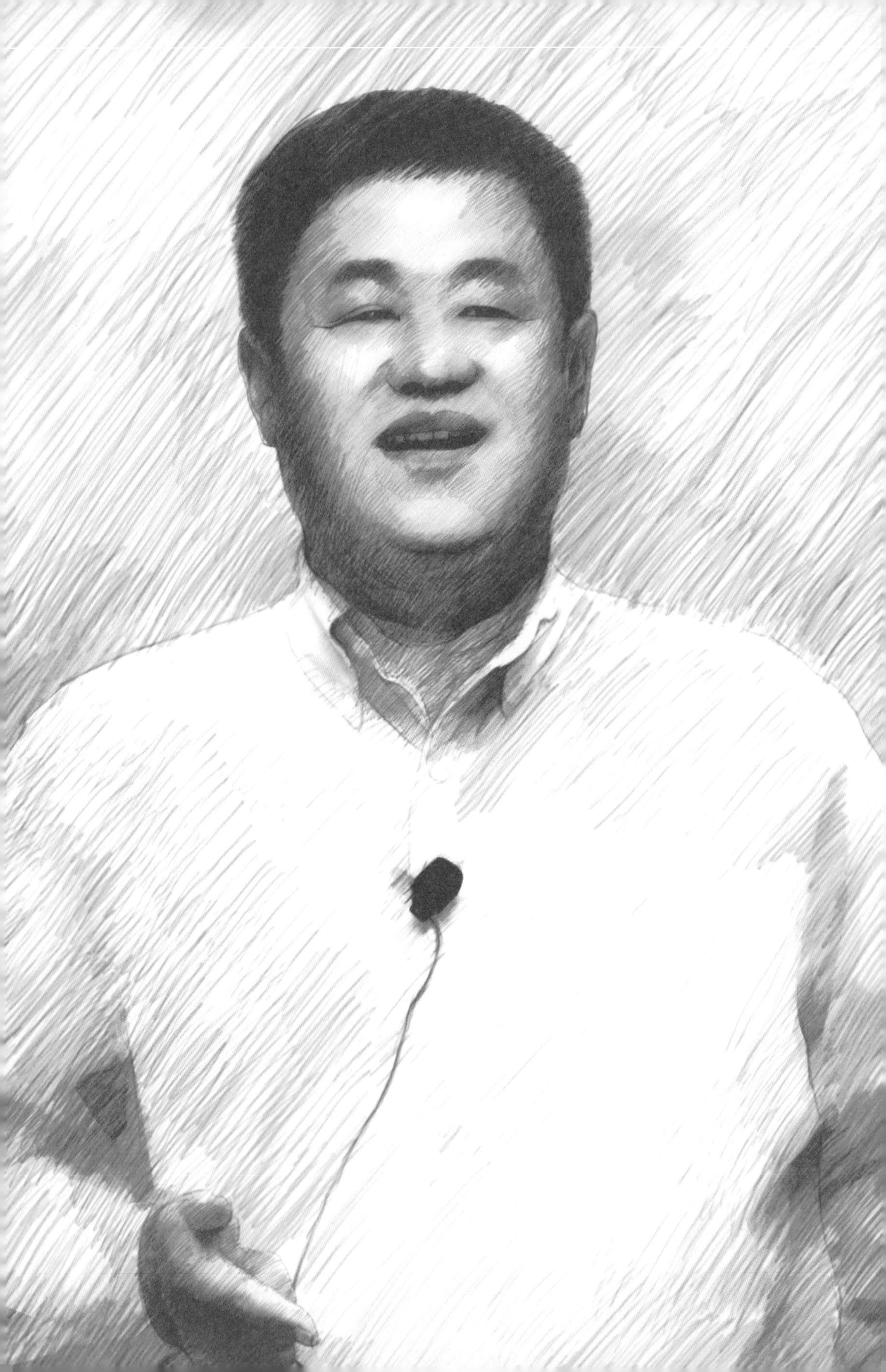

五步组合论

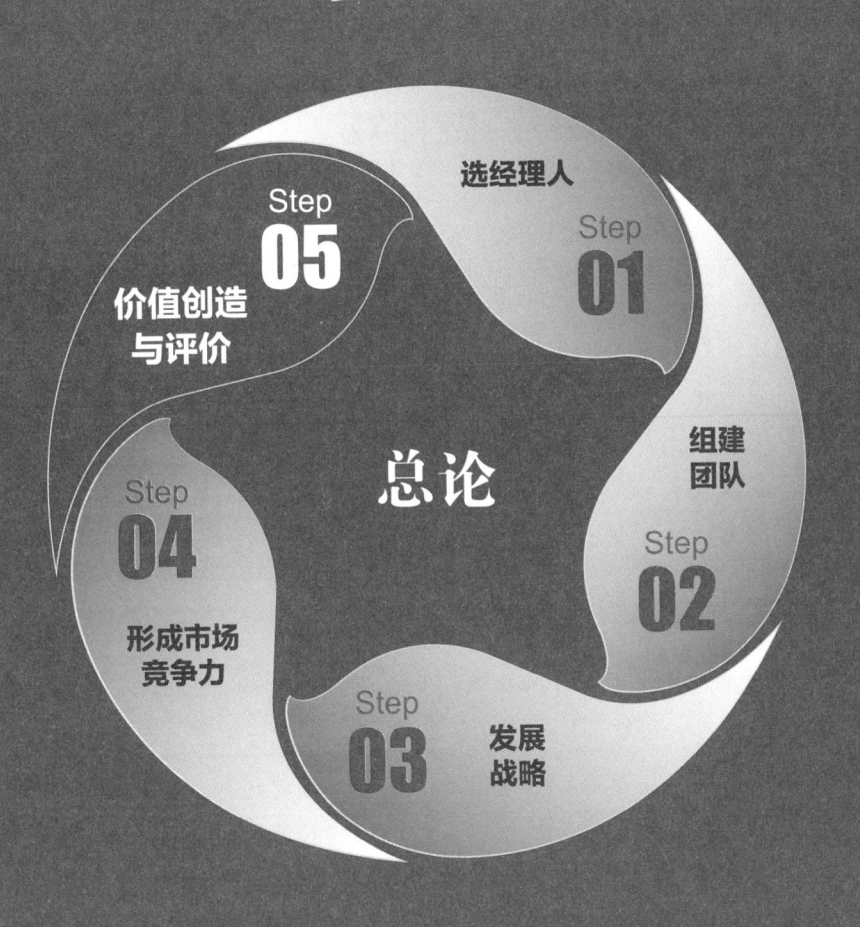

- Step 01 选经理人
- Step 02 组建团队
- Step 03 发展战略
- Step 04 形成市场竞争力
- Step 05 价值创造与评价

总论

> 做不出实际预算的生意不是好生意，做不出实际预算的公司不是好公司，做不出实际预算的总经理不是好总经理。

做预算

  我上礼拜发烧，四十度。多年没有过，也巧，四十岁。人的体温高过平常几度之后你已经进入了另外一个境界。你会发现茶水太热，自来水太冷。冷气机吹来的是三九寒风，大棉被让你发抖。你突然不明白为什么电视上亚洲小姐还在追逐选美，Ken Starr 为什么对克林顿那么不依不饶。体温之差让你跳出了这个物欲世界，拉开距离，换了角度来看别人，看你自己，挺有意思。人病一次，智长一点，四十岁，Over the hill，更应如此。

  上礼拜，华润创业开始做 1999 年度的预算。An Lu 把厚厚的预算的格式四处派送。我现在不清楚各公司的领导将如何对待这次预算，但在看到预算的结果之前，我想谈一下我对预算的看法。

  预算很容易被搞成数字游戏。这样，预算过程就要变成了一种可笑的负担。但如果你跳出平日的圈子，拉开距离，换一个角度来思考这个预算，它会给你一个系统思考、理解你所做生意的机会。当你把明年的生意想透了该怎么做时，那个感觉有多好。

  预算过程中最害人的就是让财务部的人去拍脑袋、填数字。由下而上，都在造数字垃圾，根本没有想一想明年的生意环境怎样，我们要做什么工作来改进。小经理造数给大经理，小老总造数给大老总，最终报到华润创业总部。这样做，不但让华润创业的股东一遍遍地质询董事，更重要的是预算并没有让我们加深对生意的理解，我们更没有进步。

不要把预算当成与总部讨价还价的指标。华润创业在管理账上是用去年数、今年实际数、来年预算数来做表的，但在对生意的理解上并不是你完不成预算就一定有问题，或者你超预算一倍就一定是卓越。总部希望有一个准确实际的预算来部署整体规划，对每一项生意的总体评价有一个同行业的一般水平做比较，预算的过程是我们对生意理解深化进步的过程，预算做出来最好是给自己用，而不是给总部看，更不能把它当作成功与否的指标。

预算是一个动态的过程，预算是前瞻，也是反思的过程。预算过程中的创造力来自对生意的积极改进。预算的结果应该是新的生意计划实施的结果，预算表现在数字上，而其实质是一个周详的业务计划（Business Plan）。如果你去年的营业额是 2 亿元，今年要做 2.5 亿元，你就要有一个扎实的营业方案做基础。你所有的改革、改进的方案都应在预算中表现出来。

如果做预算时先定一个人为的增长率，而到时做不到就找借口，或者先把预算压得很低，给自己预留空间，以便总结经验，这就失去了做预算的意义。这是浪费，华润创业不应该这样做。

预算本身有其很大的局限性，通用电气（GE）的杰克·韦尔奇说："I can't stand predictions. They are made cautiously and conservatively and end up placing limits on success."（我受不了预算，它们都是既小心又保守地做出来的，最终成为成功的限制）。我想这位仁兄几乎活在一个完美的管理环境中。预算是重要的管理工具之一，因为我们的业务、我们的人、我们的环境不能让我们在无预算的环境中自由发挥。我们只能通过大家的共识而降低预算的局限性，并由此引导我们逐渐向无预算的自由境界靠近。这个过程可能要几年。

做不出实际预算的生意不是好生意，做不出实际预算的公司不是好公司，做不出实际预算的总经理不是好总经理。

（1998 年 8 月）

> 公司发股票，国家发货币，大同小异：事情办好了，股票也上去了，货币也上去了；事情办不好，它就下来了。天经地义。

讲信用

现在看来，这个世界是难以安宁了。

说是投机者搞出了个金融危机，可投机者却死不认账。想把金融危机说成是过往一切荒谬钱银行为的替罪羔羊，我看也不够大方。

你的家财被海盗抢了，海盗是可恶的，可你不能把过往挥霍的钱都说是海盗抢走了。这对海盗不公平，更不能用此来蒙骗你老婆，因为你老婆是一位善良的女人。

投机者也没有长生不老药，长期资本管理公司（LTCM）也破产了，海盗的船也沉了。

与严顺开先生同桌吃饭，我问他《阿Q正传》演出时观众笑多还是哭多，他竟然眼角湿润了，说："哭笑都有，各取所需。"我想今天大兵舰变小电脑了，我们的阿Q也应该有点进步了。

前些日子听说中国农业发展信托投资公司关门了，后来又说海南发展银行也关门了，再后来又说中创也收摊了。

你说这是怎么了？

有人说："好厉害的金融危机，倒霉，让咱赶上了。"

我说你先别把自己搞得那么"国际化"，硬往金融危机上靠，有点与小小寰球共凉热的悲壮，是Internet时代阿Q的思路。虽然你说金融危机给你洗了个清贫，但我看金融危机并不能还你个清白。

就是金融不危机，你也得换个名字来危机。豪情过了，危机就要来了。

沈阳市以前有个市长说："借钱要还，投资要赚钱。这个道理我们的企业还在学习。"我看当你借了钱或投资以后，不论你有没有动力去还钱，还是有没有能力去赚钱，你已经进入了世界财富流动的大信用网中，如果你不能在这个网中支撑你的位置，你的危机就来了。

投机者没有逼你把该买粉丝的钱来买鱼翅，更没有逼你把该买桑塔纳的钱来买奔驰。如果你办的商店卖没有人要的东西，你盖的房子漏水，你酿的酒发酸，你开的银行坏账太多，你卖的米里面有小虫子，那么危机就离你不远了，不需要投机者来"帮"你。

公司发股票，国家发货币，大同小异：事情办好了，股票也上去了，货币也上去了；事情办不好，它就下来了。天经地义。投机者带来了暴风雨前的一阵狂风，可暴风雨迟早是要来的。如果你看到街道两边已丢弃的盖了一半又锈蚀发黑的大楼，而没有人为此受到惩罚，这个世界就太没秩序了。如果大家都只借钱不还钱，也没有危机发生，这个世界就太美好了。

（1998年10月）

> 资本是人性占有欲的满足形式，是自由和支配权的数字化，资本流向利润高的地方，像水流向低的地方，是自然的。

更自然

我们的脑子对事物的好奇思考，在生物学的角度上制造了我们的肉体最高层次的快乐，同时也把我们的肉体与自然界的其他一切分离对立起来。

前辈后生苦苦地进行科学探索，无非是想理解两种关系：人与自然，人与人。如果放弃不凡，把人也融入自然，则自然成了所有学问的唯一命题。这样问题简单多了，自然也有规律了。

世界大千，古怪无穷，目难暇接。所有政治、经济、技术乃至社会、伦理、道德的争论起源于对人性的态度、对自然的态度。把人放在自然之内来理解还是把人放在自然之外来理解，从根本上划分了我们生活的疆界。

1998年，在我们身边，传统智慧再一次受到毫不留情的挑战，经济学家又一次成为被人嘲笑的职业。以前说经济学家都是两只手，因为他们总把 On the other hand（另一方面）挂在嘴上。1998年经济学家变成了多只手。一只手的经济学家到今天还没有出现，恐怕以后也不会有。对人类个体的不同定义在使群体行为失去理性。经济学家像一个天真的小孩，试图猜出滑稽剧的下一幕，台上的演员都自以为是，可台下的导演想表达的永远是演员们并不能充分认识的人性与自然。

货币已经是人类文明发展过程中的虚拟商品，不同货币的兑换再一次加入了更多非自然的成分，如果货币不能自然地兑换，则货币成了一个怪物，你想把它锁在笼子里，可我敢打赌，它一定会过来咬你一口。

资本是人性占有欲的满足形式，是自由和支配权的数字化，资本流向利润高的地方，像水流向低的地方，是自然的。借用别人的资本来暂时满足自己的占有欲，代价是让别人占有更多。你满足不了别人的占有欲，人性告诉你资本是不会流来的。招商会并不能解决问题。股市的投机性使它由生而来的其他一切高尚的目的变得黯然失色，自由、自然的跳跃是它存在的生命意义。如果你不能改变太阳的升起和落下，你也不要去改变股市方向。

企业是人类文明对财产管理的无可奈何的组织，合资更是一厢情愿的占有组合。人性在其中必会找到受了约束的自然表现。管理学上的 X 理论、Y 理论起始于员工是否甘心因加入群体而失去个体自由，如何通过满足每一位个人的利益而使群体及企业的利益蓬勃，对人性、自然的认识是其哲学基础。

达尔文用聪敏的感悟带我们游历了自然，昆虫和飞鸟的世界在同一个太阳下准确地规限自己的生活空间乃至身体器官。我们客气地把达尔文封为生物学家。可惜达尔文没有用同一双眼睛看离他更近的周围，否则，他会是社会学家，或者是包括了所有科学的自然学家。物竞天择，适者生存，自然世界，无情法则。

（1998 年 12 月）

> 上帝造物，物之精美，我们得慢慢欣赏。上帝造人，人之巧妙，我们得细细品味。

大娃娃

上帝造物，物之精美，我们得慢慢欣赏。上帝造人，人之巧妙，我们得细细品味。有些小发现，来得很随便，可它会改变我们的日子，我们的日子也在改变中轮回远去。

有人说亚洲国家出了麻烦，是因为血液里没有凯恩斯，政府不知道如何调节经济循环；也因为脑袋里没有弗里德曼，不明白怎样让市场做自由选择。还有人说数字经济是英语经济，只有讲英语的国家经济才能搞好。麻省理工的 Paul Krugman（保罗·克鲁格曼，他是对亚洲危机最早提出警告的人）就说："要发展？讲英语！"（Want growth？ Speak English!）英语国家中美国不用说，加拿大、澳大利亚、英国这几年日子都不错，爱尔兰过去几年 GDP 都有 8% 的增长。讲英语好像成了天赋资产。

西方人受过"亚洲世纪"的苦，他们想把这次的风水轮转从血液中、脑袋里、甚至舌头上找出根据，保存下来。

西方人是有本事的。他们搞了个领带，搞得全世界男人都麻烦。他们搞了个唇膏，搞得全世界女人都红口白牙。他们搞了个 NBA，迷倒一大片人。他们搞了个《泰坦尼克号》，搞得所有恋人都觉得自己太乏味。他们搞了个麦当劳，全世界都觉得吃饱了。他们搞了个可口可乐，全世界都觉得不渴了。他们搞了个飞机，让你可以走很远。他们又搞了个移动电话，让你到哪里也不能闲着。最近他们又搞了个科索沃，让你天天晚上有烟火看。还搞了个克林顿，让你明白总统是常人又与常人不一样。

我们的日子，与老外分不开了。老外是不简单，老外值得品味，品味透了，风水就转了，风水转，也不难。

意大利歌剧《图兰朵》演了那么多年，张艺谋拿了几张白布就把它转了，转得人们如醉如仙。

谭盾在纽约街头拉小提琴卖艺觉得闷，恶作剧换了二胡的曲子，卡内基音乐厅把他从街上请到了台上，他转了。

西安唐乐宫用的是巴黎红磨坊的布局，演的是中国宫廷舞，没多费劲，没少赚钱。老外觉得中国人真美，唐乐宫转了。

东莞的银城酒店住客很多是穿工作服的老外，因为这里有全世界最大的鞋厂和电话机生产厂，老外要买东西，要排队。东莞开始转了。

我女儿一岁多时第一次见到老外，她目瞪口呆，指着老外大喊："大娃娃，大娃娃！"因为她不明白为什么一直放在她床头的小洋公仔突然变成了大活人。今天她也会讲点英文了，见了"大娃娃"眼皮也不抬了，也转了。

（1999 年 4 月）

> 无论是穷人还是富人，这个世界上真正一无所有的人并不多。

信不信

最近，香港中环有座很大方的楼落成，叫长江中心，楼上有个人叫李嘉诚，是长江的主席。楼下有个人，叫李未诚，是卖报的。如果我说李嘉诚欠了李未诚一万港币几年不还你可能不信，可这是真的。李未诚有一万港币存款，就在对面的汇丰钱庄，李嘉诚去汇丰借钱，汇丰就把李未诚的一万港币（当然还有许多别人的钱）借给了李嘉诚。李嘉诚用它去盖了楼，自己坐在楼顶上看海景，可李未诚还在楼下卖报，并为自己在这里卖报沾了李嘉诚的光还暗自高兴，可不知这楼就是用他的钱盖起来的。为啥会这样？因为李未诚信了汇丰，汇丰信了李嘉诚，没有人信李未诚，李未诚只能卖报。

上星期日本三大银行合并，资产过万亿美元，大过中国的国内生产总值。日本银行本来问题很多，分开处理都来不及，可把三个难题加在一起，这道题就自然解开了，因为要大到你不能不信它。人们都信了，问题就没有了，这家大银行进入了很得意的境界，因为它变成了社会信用的连接点。人们会制造问题，也会解决问题，不知什么时候华润集团也能进入大家都信的境界。

无论是穷人还是富人，这个世界上真正一无所有的人并不多。人们能拥有的每天在自己控制之下的实物并不多，太平洋上有个小岛，不久前人们的支付手段还是石头，漂亮的石头。用石头做货币并不出奇，有意思的是这个岛上最富有的人是因为他拥有在海底的一块大石头，谁也搬不动。但他可以指着水下的石头来证明自己的富有，于是别人心甘情愿地为他服务。

听说这几天银行的人很紧张，存户也开始不放心，这个Y2K（千年虫）的麻烦明天可能出现，它一出来，银行电脑系统就乱了。按理说电脑系统乱了也不怕，大家做事可以慢点来，但可怕的是信用系统也乱了。如果你银行账户上突然多了5个"0"倒没啥，可如果你节衣缩食的钱突然不见了，你可怎么办？你的财富就这么轻易消失了。你拥有的本来就是一个信用，现在信用没有了，你的财富和地位就没有了。到时李未诚的钱可能跑到李嘉诚的账上，他就是上楼去找李嘉诚，保镖也一定会把他赶走，因为没有人信他。

华润创业发的股票和债券的根基是我们的信用，两个月前我们在几个小时之内集资19亿元一直被我们津津乐道，可它的背后是我们的信用。我们发的股票就是公司印的货币，我们得保证支付，否则，别人不会再相信你在太平洋里拥有一块大石头。

这两年，关心时事的中国人都变成了经济学家，经济学的古怪名词，像通缩、财政扩张等成了普通人谈天的话题。中国人像过往一样，总是比别人经历更多的变动、更多元的矛盾，当然，也时常懂更多的经济学。我这几年领会下来，觉得经济学研究的起点有问题：传统西方经济学由边际效用开始，从人的贪欲中找出供给的效率；马克思则从价值理论开始，找到分配中的公式；弗里德曼则以为什么你家门口的小商店里每天总有不多不少的汽水在卖，开始找到市场自由选择的神圣。

可我觉得这些都不过瘾，也许因为这几年我们面对的环境太无常，经济学的研究起点最好能从人们信不信开始。

（1999年9月）

> 成熟的社会、完整的人格，表现在可以越来越恰当地平衡局部与整体、短期与长期。

沙尘暴

常出差坐飞机，飞机当然也常晚点。飞机晚点，甚至取消，有时是因为下雨，有时是因为下雪，也有时是因为下雾。可昨天在北京机场等了大半天，是因为下沙、下尘，原来沙尘不高兴了也可以飞到天上，让飞机也不敢飞，北京人给它起了个完整而又吓人的名字，叫沙尘暴。

据说沙尘暴并不是北京人造成的，好像也不是有沙尘的地方的人造成的，大家还在争论这些沙尘怎么就会飞到了天上，好像北京的堵车，明明是又宽又直的马路，怎么就会走不动呢？我们每个人都觉得我们做了自己想做的事，每个人都没想去做件大坏事出来，可最后这些事的结果让我们都不太喜欢。人群行为所带来的社会结果是单独一个人无法理解，更无法猜测的，否则我们就都变成了圣人。谁想到过轮船超载最后就沉了，你也不能怪最后上船的那个人，可后果是大家都要承担的。谁想到过今天你上班偷点懒公司要垮台，可如果每个人都可以偷懒，这种事情就会发生，就像这个沙尘暴，你说是由谁造成的，可能今天呼吸到这些沙尘的人，或者运气好没有呼吸到这些沙尘的人都该问问自己。当然，每个人在这个社会上的角色不同，他的作用不同，责任也不同。

对局部利益、短期利益的追求是我们永远不能克服的毛病，无论怎样的哲人来教育我们，这些根植在本性中的东西难以消除。成熟的社会、完整的人格表现在可以越来越恰当地平衡局部与整体、短期与长期。如果当年我们多种树、少伐树,可能今天不会有沙尘暴,可是有多少人可以抵御住伐木盖房子的诱惑呢?可你如果试过满天黄沙、口鼻尘上的滋味,你会觉得其他东西都意思不大了。你好像是一个做了错事的孩子,对刚才还在争抢的小玩意没了兴趣。

多年前去新西兰,问过那儿的人一个问题,为什么不开垦土地发展一下种植业,这么好的土地光是养些羊有点浪费。他们说他们也知道开垦这些土地可能收入会高些,可他们选择了牧业,因为他们觉得这样生活质量会高一些。我当时想,别看新西兰人不多,而且祖先是被人从英国赶出来的,可这些人还挺聪明,他们知道自己要什么,生活的质量可能不单单表现在财富上。

这次沙尘暴来势很凶,听说有上万名旅客在机场等候。通常飞机晚点会是很好的休息时间,可这次不然,竟然遇到了两家投资银行的人、两家大公司的首脑、一位监管机构的领导,同时有人也热心地介绍了正在另外候机室等候沙尘暴过去的投资者。与每个人都谈了许多事,觉得效率之高好过在办公室。每个人都很忙碌,可我想,我们今天做的,会减少沙尘暴吗?

这几年,环境的事好像离我们越来越近了,我们在追求现代的同时带来了最落后的东西。沙尘暴在天上,我看很多原因是在我们心里。自然的东西是很强大的,想去欺负它,最终被它报复,要想没有沙尘暴,我看首先要明白我们在这块土地上的位置。

(2000 年 4 月)

> 企业价值论的核心是企业价值与有形的实物资产的分离，有多少企业可以在不增加企业有形资产的条件下增加企业价值呢？

价值论

（一）

100多年前马克思讲价值和剩余价值理论，由此而来的对社会分配关系的分析，事实上在后来改变了世界。马克思的理论大都被用来作为夺取政权的理论依据，而马克思科学研究的价值理论对企业运作的指导意义往往被忽视了。今天创造价值这个词又被广泛引用，虽然它已完全不是马克思的原意，也比这位老人家讲的要肤浅得多，小气得多，可它对企业中经营理念的建立还是很有价值的。

社会进步到今天，天和地都与100多年前不可同日而语，不过我理解下来，企业中价值的创造仍可作为一条管理精神的核心来运用，它听起来老，实际上很新，因为哲学的思考基础是一样的。我觉得现代企业中的经营活动可以用五种价值的创造来分类，有了这五种价值创造，企业中不同职务、不同层次的工作可以统一到一个目标上，小事和大事、局部和全局、个人和众人可以协调起来。我当然不可能像马克思的价值理论一样来科学地定义这里所说的价值，但可以让企业的每个人都明白自己在价值创造的链条中的位置，而整体上我们也可以较好地管理这个过程。

第一，工作价值。工作价值指的是企业中最基本的工作队伍反而要直接用自己的劳动来形成一种产品式服务。他们能掌握的资产有限，工作的灵活性不大，自己可以决策的空间很小。这是企业价值链中的第一环，而在这一环上，有效率的组织及其进而带出的质量和成本的竞争性是关键。

第二，交易价值。交易价值是价值链中基本的交易活动，也是工作价值商品化并得到实现的过程。马克思讲这是惊险的跳跃，这里要求对直接竞争对手和市场的把握，追求每一笔交易的利益和交易过程中附加值服务的提供和增加，这里要面对并迅速回应不断变化的社会需求。工作价值的形成要服从交易价值创造的要求，否则，工作价值就是浪费。

第三，资产价值。资产价值是企业中最大的资本投入部分（人力资源在现代企业中也应被作为重要资产来看待），如何配置资产，如何转换资产，如何使资产的组合为前面的工作价值和交易价值的形成与实现提供条件，这其中有大量决策性和难以逆转性的经营活动，资产的投入要低，价值要高，价值要能升值，任何严重的错误在这个层次上都会使企业陷入困境，而任何科学的资产配置都会令企业处于竞争优势，从而创造价值。

第四，企业价值。企业价值是企业经营高层次的价值体现，也是容易被日常经营者忽视的，企业价值的体现往往是在企业转让时（企业本身在这里也是商品）或体现在资本市场上。有了工作价值，有了交易价值，有了资产价值，通常会有企业价值的创造和增加，但现代经济活动中，这越来越不确定。传统的好企业，价值低过其资产及盈利所应体现的水平的比比皆是。企业价值的体现在更大程度上看的是未来，是企业与大的经济趋势的贴近程度。战略定位和政策调整是企业价值创造的首要条件，这是企业的主题。企业应不断改进和优化前三个价值的创造形式来达成企业价值的最大化。

第五，股东价值。股东是所有者，他追求的价值其一是经济的，而作为社会公民有时也有社会的，股东通常会通过对企业发展原则的控制和对企业的评价来达到自身价值创造的目的。

我觉得这五种价值代表了企业经营活动中不同层次的参与，而企业的兴盛要求每个环节都协同行动，依次服务于更高层次的价值创造，这样企业才是一个有机的生命整体。

（二）

通常我们介绍一家企业，先说资产多少，再说利润多少，具体一点会说有多少楼、多少工厂、多少商店、在多少国家有投资，等等，这些资产是有形的，可以数量化，也表现在资产负债表上，我们把它一加，就知道这个企业值多少钱了。可奇怪的是，有时你愿意付这么多钱，可你并不能买到或自己建立这样一个企业，而又有时即使这家企业愿意给你很大折让，你也不想去买。决定这个企业是否有价值的，并不仅仅是它的实物资产，在很多情况下，实物资产并不是主要的，这就把企业的价值扩展到了会计学的范畴之外，进入艺术领域了。

实物资产的价值是弹性较小的，而它的组合潜力和利用弹性却是巨大的，就像我们在街上看到的巴士，如果巴士公司仅仅把有多少辆汽车的价值加起来并没有多少钱，可它一旦形成了服务，特别是人流多的路线由它来经营，巴士公司就有了很大的价值。华润集团有很多资产，今天我们公司的资产主要还表现在实物价值上，而且我们的组合也不能让这些资产的价值增加很多，这就有了资产价值与企业价值之间的矛盾。为什么有些企业资产价值没有我们大，而表现在企业价值上要胜过我们？我们资产的组合有很多不合理的部分，企业内资源的配置方向要改进，业务的方向要更集中，这样才能在企业层面上产生价值，这样我们才能在发展时得到更多的资本市场和资金市场的支持，也才能使我们管好这些业务。这就是我们正在进行的业务架构调整的目的所在。

企业的价值，除去有钱去买地、买楼、买设备以外，还由很多无形因素来决定，有时仅仅知道买资产的企业不要说创造价值，生存也会有问题。美国的一些成功企业，其企业价值远远超过其资产价值几百倍，各有长处。像思科系统公司，市值曾是全球最大的，它的价值来自不断创新的技术；像UPS（联合包裹运送服务公司），1999年上市时曾是美国有史以来最大的招股，它的价值来自广泛而稳固的市场服务网；大家都熟悉的可口可乐，虽然最近遇到点小麻烦，可它的商标价值仍是全球第一，这个商标不是买来的，是企业自己创造出来的，它的价值远远大过了可口可乐的那些装瓶厂和汽车；还有投资银行高盛，实物资产更小，办公楼都是租来的，大家认为这家企业有很高的价值是基于它有很好的管理方式和企业文化。

企业价值论的核心是企业价值与有形的实物资产的分离。有多少企业可以在不增加企业有形资产的条件下增加企业价值呢？这种价值的增加可以表现在企业市值的提高、盈利的增加、市场份额的提高等方面，它要求企业有合理的资产组合，清晰的业务方向，不断创新的产品、技术、服务，贴近客户的服务网络，有信誉的商标，先进的管理机制和优秀的企业文化等许许多多的方面，而不是单纯的实物资产的增加。

（2000年6—7月）

> 资源分配是市场经济中市场的主要功能，资源分配的基础是资源的使用，谁最贴近市场的需求，资源使用最有效，市场就会让谁占用更多资源。

组织者

华润创业的重组近年来有些正面的评价，股价也好些。今天看到JP摩根（国际著名投资银行）对华润创业的研究报告，其中多次提到管理能力。又看到最近一期的 Fortune（美国《财富》杂志），再次分析美国最受推崇的企业，虽然我们差得很远，但其中也重复提到管理能力（Management Competence）。看来所有的理论在争吵了一段时间后，对这一点趋于一致了。

如果我今天再重复说我们的公司好不好关键看我们管理得好不好，大家可能会觉得太没有新意，也太虚了。我想也是，企业的竞争已走过了一般的管理阶段，需要进入更深入、更专业当然也更科学的阶段了。

在企业的市场更国际化（至少是地域更广了）、企业本身分工更细致、社会资源也逐步流向效率高的企业组织的时候，企业的经理人在传统的管理意义上，要首先管理好企业内部的产品、质量、成本、营销等，这是基础，也是管理者的功能。在此之上，企业想要达致其目标，经理人也要做一个好的组织者，把企业所需的各种资源，特别是外部资源，用最低的成本方式组织起来，为自身的企业服务。是你来组织别人的资源达到自身的发展目的，还是你扮演一个被别人组织去达致别人目标的角色，可能是在传统管理能力之外的另外一种管理能力的体现。

自己的资金、自己的员工、自己的技术、自己的工厂、自己的品牌、自己的客户，这些曾经是企业引以为骄傲的企业特点，今天并非不好，但在对资本流向也存在竞争的环境下，这样的企业组织方式可能会使资本效率降低。如果你只有其中某项，你是否可以组织其他人的资源来达到你的企业目的呢？如果你有了这些项，你是否可以用别人更多的资源来扩大你的规模呢？不拥有，或者只拥有部分资源来达到整体的目标是经理人的重要功能，也是较高层次的功能，是经理人作为组织者的功能。

如果你做地产，必须要先买地，你很早就付清买地钱，又自己去建楼，还要付清建楼的钱，等到楼都建好了，你还没卖完，别人都住进去了，还欠着你的钱。别人都没有利息，你要付利息。你不欠别人钱，别人都欠你的钱。最后算账，你可能赚点钱，也可能不赚钱。虽然你可能对企业的内部管理很严格，但你不是一个好的资源组织者，因为别人都占用了你的资源，你没有能很好地利用别人的资源。

如果做超市，有些公司是这样做的：超市的楼是别人的，别人盖好楼想不出或找不到好的用处，他租来用，但是不付租金，要18个月免租，然后从营业额中扣9%做租金。超市里卖的商品是别人的，你拿来，我替你卖，起码是3个月账期，有时是6个月，有时是寄售，也就是说卖不完你拿回去。你拿来卖还要先给我钱，叫入场费或上架费，虽然叫上架费，可有些货架还要你提供。再加上超市卖了很多购物卡，也就是说先给钱，不给货。这样一来，地产商、生产商、消费者都让我组织起来了。我是什么？我有一个好的超市名字，加上一个好的服务团队，最重要的，我是一个好的资源组织者。超市生意的利润都很低，但好的超市资本回报率都很高，因为借用了别人大量的资源。

服装生意中间的变化也很多，你可以有工厂，也可以没有工厂，可以有品牌，也可以借用别人的品牌。只要你能把零售商、进口商、生产商、设计者、品牌所有者组织起来就形成了服装的生意。但是在这些环节中，你必须拥有一个你做得最好的关键关节，于是，你的杠杆作用就大了，你就可以组织别人的资源了。这样一来，你就成为服装生意资源组织者。

资源分配是市场经济中市场的主要功能，资源分配的基础是资源的使用，谁最贴近市场的需求，资源使用最有效，市场就会让谁占用更多的资源。即使他不能拥有这些资源，他也会以组织者的面目出现来使用这些资源以达成他的资源中心地位。

（2001 年 2 月）

> 股东价值最大化应该是我们企业经营的目标。

利用国际资本市场

目前,在国内资本市场条件、对企业本身监管和约束的条件、投资者的成熟程度等方面,国内上市企业在短期内不能像国际资本市场规则要求下的企业那样,受到约束和监管,并按国际资本市场的规则办事。由此也可能不会产生一个国际资本市场所允许的国际级大企业。比如通用电气(GE)发展成这么大的规模,除了自身管理外,还在于华尔街给它创造了一个环境。如果没有华尔街创造的这个环境,谁也不能保证韦尔奇是个能人。环境本身是重要的,国际级大企业一定要在成熟的国际资本市场下成长。市场有资源分配的功能,融资的功能,有监督管理层、监督公司业务的功能,有奖惩管理层的功能,有给股东创造具流动性价值的功能(即股东可以随时套现)。

华润集团在体制和管理方式上,应该向成熟的国际资本的游戏规则靠近。具体来讲资本市场有如下作用。

第一,资本市场在企业融资中的重要性不断增强。

首先,国际资本市场的容量越来越大。几大资本市场,如纽约、东京等加在一起,有30万亿美元的容量,而国内只有4万多亿人民币的市值。

其次,投资者越来越多。包括养老资金、管理基金、保险基金、互惠基金等,有接近50万亿美元的资金。当然,这些资金不完全在股市上，也有的在债券上、在存款上，等等。

再次，银行传统业务下降，全球性银行整体资产负债比率在下降，当然，个别地区如东南亚等地，下降速度要慢一些。因为国际资本市场活跃，使银行传统业务，如贷款，越来越难了。比如汇丰、花旗银行，已经不叫自己是 Commercial Banking（商业银行），而是定位于 Consumer Banking（零售银行）了。为什么呢？因为资本市场的活跃，许多企业可以从那里获得融资，而不一定靠银行贷款了，因此银行觉得借钱给企业越来越难了。过去一般是拿1元自己的钱，再向银行借3元，以这样的比例去做生意；现在，全球性的，大家通常只向银行借2元。因此银行业务下降，资本市场比率越来越提高。

最后，市盈率越来越高。20世纪80年代市盈率5～8倍的企业很多。那时候利息也比较高。但越到后来，高市盈率的公司越来越多，低市盈率的公司越来越少，也就是说，对公司的评价越来越高。

为什么会出现这种情况呢？原因是供求问题。资本市场资本供给量太大，投资机构越来越多，如今要去上市、集资，比在20世纪80年代的时候要容易得多，得到的好处也要多很多。

第二，资本市场可以起到监督公司业务，特别是监督大型公司业务的作用。

不同的基金证券行对华润创业的研究报告每月都会出2～3份。它们对公司业务监督快而准确。报告由最专业的分析员来写，告诉投资者公司的业务是好是坏，比一般的审计还要尖锐。报告的开头都会告诉投资者是买还是卖。它要说卖，那么你的公司基本上就出问题了。报告中轻易不说卖。但即使说"我没意见"，也会对你的公司带来很大沽压，造成公司压力很大。每次报告一发布，都会给公司的股价、给管理层带来很大影响。这些监督是不断地进行的。对小公司的分析报告，基金写得不多，写得多的都是些大公司，特别是恒指成分股内的公司，基本上是一路跟进。

第三，资本市场对管理层及其业务进行着严格的监督。

资本市场给予管理层的压力之大，是不断的，每天都有。不仅是 CEO，CEO 下面的管理层，甚至每个员工，都面对着压力。

资本市场通过很强的压力监督着企业，通过非常直观的数字来评价企业，而且企业有什么问题很快会被发现，这比我们一般的评价要快许多。

第四，资本市场创造具流动性的股东价值。

股东价值最大化应该是企业经营的目标。

股东价值最大化，就是国家资产价值最大化。怎么来做到这点呢？最高的境界就是把自己的股票当钱来用。现在华润还没有做到这个境界。

什么境界呢？一年多以前，利丰用股票换了 Colby。Colby 是与利丰有着同样业务的公司，只是比利丰小些罢了。我在一次酒会上见过 Colby 的 CEO。我问他为什么和利丰换股，满意不满意？他说非常满意。他说利丰公司非常好，别的公司找到他，他不会答应换股。利丰没有用钱，而是用自己印的纸——股票，就把竞争对手消灭了。

用高 P/E 的股票，收购低 P/E 的资产，再管理好，来提高企业价值，这是资本市场的高境界。这是对股东价值最大的提高。

那么股东价值是怎么创造出来的呢？

我想通过下面的企业价值产生的流程图来表述。

股东有资金、技术和人员，搞了一个产品或服务出来。营业后可能盈利或亏损。然后，盈利就会产生几种价值，有资产价值、盈利分红、股票交易、高 P/E 估值、把股票当货币。价值创造表现在股东价值上，可能一开始表现在实物价值，后来表现在现金价值，有盈利分红了。然后有市场价值，股票开始交易了。最后有高 P/E 的估值，高过同类公司的 30% 以上。最高境界是把股票当成货币，来进行自由扩张的价值。

```
企业价值产生的阶段

股东 ─ [资金/技术/产品服务/人员] ─ 营业 ─ 盈利 ─ 资产价值 → 实物价值
                                   │        │
                                   └ 亏损    ├ 盈利分红 → 现金价值
                                            │
                                            ├ 股票交易 → 市场价值
                                            │
                                            ├ 高P/E估值 → 增长预期价值
                                            │
                                            └ 把股票当货币 → 自由扩张价值
```

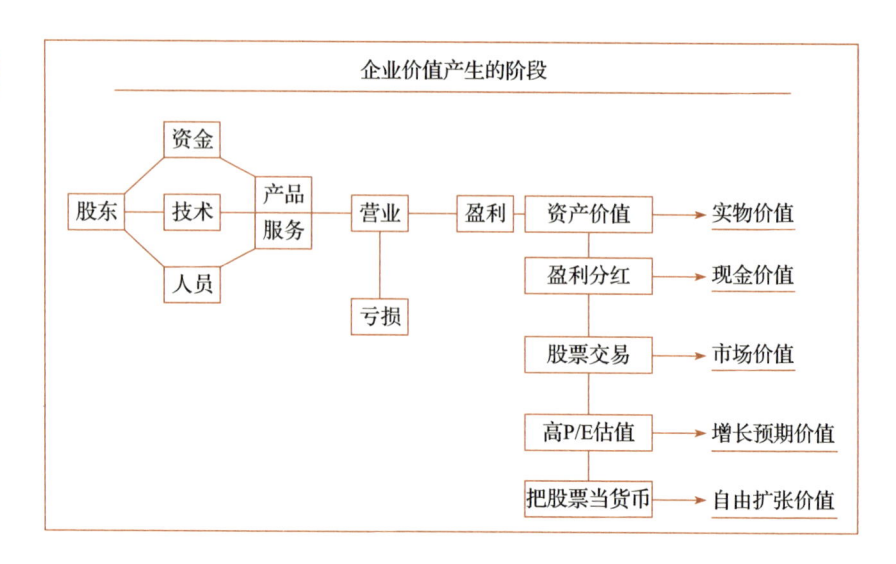

我觉得华润现在在中间，没有取得一个高 P/E 的估值，也没有取得一个自由扩张的价值。华润努力的方向，应该在这两个方面。

（2001 年 7 月）

> 股东利益最大化的要求是评价一个企业的基础。

评企业

去出差，主人很盛情，去接站的是两辆奔驰汽车，车牌号码尾数是 888 和 688。坐进车里一聊，才知道这家企业经营已很困难了，我不禁心里想，企业开始要做好的愿望是没有疑问的，不然怎会把好意头的车牌都搜罗了来。车牌摆在外面，人人都看得见，企业是想告诉别人他们对外的形象、他们的社会地位，以及他们做事的决心。

可企业怎么就出了问题呢？有好的车牌照、好的办公楼的很多企业经营都出了问题。出了问题后大家都很奇怪，总是说，这家企业不是挺好的吗，怎么突然就不行了？搞得大家都不再轻易地相信一家企业，更不敢相信一家企业的经理，也不敢给一家企业轻易地放贷，这也可能是为什么这几年由企业界推动的投资和商业活动所占的比例一直增长不快的原因之一，同时也使许多本来不错的小企业因为得不到正常的商业信用环境而无法成长。从一个车牌想到这么多，真对不住主人的接待。

什么样的企业才算好企业？

建立真实的信息系统是第一位的。企业的好坏不能只看谁题写了企业的名字、领导这家企业的人是什么级别、企业做了多少广告。本来信息系统对一家企业的描述已经过了近两百年的人类文明发展，已是一个基本可以公正地评价一个企业的系统总和。任何太感情化的描述都不能代替这个系统的权威，这个系统只要不去好意地或恶意地造假就可以了。有了这个信息系统，才是正确看企业的第一步。

第二位的是企业社会评价。评价需要公正，也需要水平，因为处在不同着眼点的人对企业的看法不会一样，不应该混淆各个利益团体的不同身份。比如，政府对企业的看法主要看GDP、税收、就业、社会安宁，所以从政府的角度评价一家企业的好坏通常与企业的经营目标并不能完全相同。最近国外企业界有一股潮流，提倡做一个好的企业公民，说的是好企业要对社会环境、对社区有贡献。我认为这些都是在企业自身的目标达到的前提下进行的，是企业为了取得更多的社会支持而做的。

另外，客户的评价最近又成了如何评价企业的热点，有些理论提出满足客户是第一位的，不是企业盈利，因为长远来讲，客户满意了，企业才会有成长。要分清客户本身重要还是企业盈利重要是很难的，因为这两者是矛盾的统一，服务客户为手段，企业盈利是目的。不过企业有一类客户须特别注意，这就是银行。银行对企业来讲要求更多的是安全，而不是增长，因此银行对企业的评价与企业目标有差距。

另外有一个群体会对企业不断地评价并影响企业的发展，那就是企业的员工。把企业员工摆在什么位置上过去一直是说得多、做得少，因为资本与员工一定有一个矛盾存在。企业如何把自身目标与员工目标统一起来，是一个很多年的话题。

说了这么多利益相关者，然而最后也是最重要的却是企业的股东，即企业的所有者。只有企业所有者才会在最全面的着眼处来评价企业，企业的股东会来平衡企业外部的不同利益要求，因此股东利益是企业利益的根本，是与企业自身作为法人的生存和发展最统一的利益。股东利益最大化的要求是评价一个企业的基础。

（2001年8月）

> 总有人把过去的历史当新奇来看，也总有人很快把新奇当历史看，要是没有点创造性，就不会有金丝雀码头，要是没有点更实际的创造性，"金丝雀"也不会飞起来。

金丝雀

　　伦敦的春天还有些清凉，可海德公园里的树已很绿了，虽是老树，可仍然绿得很新，很干净。走在街上，竟然可以闻到空气中怪怪的花香气，对一个嘈杂的大都市来讲很难得。早晨的伦敦市中心，都是匆匆地赶去上班的人，在这里，对男人来讲是西装的世界，对女人来讲是套装的世界，人们这样穿衣这么多年，并不是为了好看，是为了做生意，要不为什么西装也叫 Business Suit，可见伦敦是一个很有商业传统的城市，英国的商人也是因其精明、周密、有计谋而出了名的。

　　可是近年来英国的公司并没有很成功，能在全球开拓的更少，反而有一些很不好的公司，像伦敦人为了迎接新世纪而修建的 Millennium Dome（千禧穹顶），从建成起就有财政困难，设计的怪异让人取笑为 Big Tent（大帐篷），6亿英镑的投资听说最后要送给一家公司来改建。还有像英国的移动电话公司 Vodafone，2001年投资亏损近100多亿英镑，创了世界之最。还听说英国的 Cable&Wireless（大东电报局）把香港电讯的股份卖给盈科以后，把拿回英国的1000多亿港币也差不多投资亏光了。英国人的这些失败记录让人觉得这个商业帝国这几年一直在走下坡路，除去历史上积累的财富和金融市场的地位外，英国商业社会的活动好像没有了。

　　其实不是，就像海德公园里的老树，伦敦也不断有新的绿意出来。伦敦有一个地方很有名——前几年在世界上出了大名，因为建设这里的公司破了产，这个地方叫 Canary wharf（金丝雀码头），离伦敦几十千米。当时伦敦市区楼价太高，有家名为 Olympia&York 的公司就想创造出一个新城区来。计划很好，规模很大，新城好过伦敦的旧楼，价钱又便宜。可建好以后，有了问题，伦敦市区的公司不来，因为太远，因为政府没有按计划修轻轨（当时的撒切尔政府正削减开支），还因为英国人觉得新楼没有历史，没有文化。所以，这家很大的地产公司 Olympia&York 破了产，整个"金丝雀"计划全都重组，换了投资者，也连累了很多银行出坏账，很多人失业，这个"金丝雀"在很长时间内被作为梦想破灭和大计划失败的案例。

我原以为"金丝雀"会作为经典的失败被人们记住，可这次再看到它，就知道这里很不同。街上的人气之旺，不差过伦敦市中心。特别是早晨，很像纽约的街上。轻轨通了，叫 Dockland light rail，仅是在金丝雀码头范围之内就有三个站。每个站都很近，可见大家过去吃够了没有轻轨的苦，这次想好好利用它。原来空荡的楼里租客已满，都是大银行、保险公司之类的租户，又有两幢很高的新楼，上面分别是汇丰银行和花旗银行，还有起码三四幢楼在建。这里有了一个新城所应具备的一切，交通好了，服务设施也好了。新城区的周围建了很多住宅，建了许多漂亮的桥，也有了 Tesco 超级市场，女王好像最近也刚来过。楼下的咖啡厅卖 Salt Beef，试了一下，好过市区里的。"金丝雀"还出了份报纸，免费送，不但讲这个社区的新闻、生活，还为人们寻找约会的对象，服务可谓到家。没有问过"金丝雀"的新股东，看样子目前经营不会太差，不过金丝雀码头经营好转的消息没有它破产时那么具有新闻性，大家不一定知道。现在看来，过去 Olympia&York 的眼光也没错，只不过时机不对，操作不对，可是这也足以让公司垮台了。

因为住的酒店在海德公园旁边，还有上了年纪的游客问 Speaker's Corner（演说角落）在哪里。我心里想：总有人把过去的历史当新奇来看，也总有人很快把新奇当历史看，要是没有点创造性，就不会有金丝雀码头，要是没有点更实际的创造性，"金丝雀"也不会飞起来。

（2002 年 5 月）

> 现在的金融市场，有人拥有钱，有人使用钱，有人投资，有人集资，每一个人在这个链条中必须做自己的环节才能生存。

寡妇钱

中国人很节俭、勤劳，可一直觉得自己比西方国家的人要穷，除去大家常说到的原因外，发达国家在过去100多年工业化的过程中有了相当多的财富积累是重要因素。这种在相对稳定的法律和文化环境下因为国家全面工业化而带来的财富积累的过程中国没有，所以，中国人的节俭、勤劳只是在一个低水平上的原地循环。希望我们今天正进行的现代化建设能冲破这种循环，把中国人带到一个新的水平上。这种财富积累表现在人们眼前的是高楼大厦、丰富的商店，而表现在人们不易看到的方式上是对资本的拥有权，也就是各种各样的基金管理公司（Fund management），它们在全球范围内不断进行的对财富的使用和再分配。

爱丁堡现在是有名的做基金管理的城市，以前我来过几次，因为每次都是上午来，下午走，对城市的印象不深。这次来，住了一晚，也在街上走了一下，感到这是一座从外表来看很旧、很老的城市，全城的建筑都是黑色的，像是出土文物，或者像是被烟熏过，听说是因为这座城市大都是在二百年前建设的，当时用的石头都含有易氧化的一种含碳金属，所以全城都变成了黑色，也不能清洗。这种黑色让爱丁堡变得很神秘，加上我们又是来见这些本来就很冷漠的基金经理，使你觉得在这里一定是一些沉闷的会议和不客气的问题，不会有什么新鲜的见识。结果不是，爱丁堡的苏格兰人基金经理真的名不虚传，因为这个行业几乎所有的人都认为他们是最好的基金经理，这里的基金经理与伦敦的、纽约的都不一样，他们做了很深入的会前准备，不会问一些浪费时间的问题，他们都不会听公司的正式报告，因为他们觉得准备好的材料并不可信。他们问问题像考试一样，问题很刁钻，从个人问到公司，从受教育程度问到你的观念。比如First State（基金公司）竟然让其管理层的十几个人一起出来发问，而这些问题真的对我们很有启发。这里的基金经理是不同的，要不怎么令爱丁堡的基金管理行业越做越大，成为这里主要的经济活动。爱丁堡本来是一座很老的城市，因为基金管理人的活跃使它很有活力了，酒店里见到很多类似的客人，都是来这里见基金经理介绍公司的。

爱丁堡的基金管理公司中很有代表性的一家是Scottish Widows，直译和意译都是苏格兰寡妇基金。起源是，一些夫人的丈夫在战争中阵亡，她们用抚恤金搞了基金管理公司。寡妇本来是不幸的，拿了抚恤金还搞了基金投资，真有些凄凉的勇气。可正是因为是寡妇钱，这间公司管得很好，现在已在管理着近千亿英镑的资产。这家公司也一直用一个头戴黑色轻纱的年轻寡妇照片来作公司的象征，让员工时时记着他们管的钱来之不易，他们有很大的责任。看来爱丁堡基金行业的成功与这种管寡妇钱的精神是有关的。

现在的金融市场，有人拥有钱，有人使用钱，有人投资，有人集资，每一个人在这个链条中必须做自己的环节才能生存。

（2002年6月）

中国的企业能给后人留下像颐和园一样的有长久生命力的创造吗？

颐和园

深秋落日里的颐和园，是个漫步的地方，也是个想事的地方。200多年前建这里时正值康乾盛世，可以想见，当时的心气、兴致和品位都很高。

颐和园今天是名胜，在当时建的时候也应该是城市环境美化的工程，当时的标准高、规模大，就给后人留了一笔财富。就像约翰·梅纳德·凯恩斯在他的《就业、利息和货币通论》中引用的蜜蜂王国的童话：追求奢华的蜂群兴旺，过于崇尚节俭的蜂群凋敝。童话偏激，但也说明了一个国家改革中投资、消费、储蓄等社会经济发展的关系。相信颐和园在修建时也带动了繁荣，一直到今天，这里每年有上千万人来游玩，有两亿元的收入，帝王的颐和园今天变成了一个大企业。

颐和园的地位变化古人不可能想到，烧毁它的外国人也不会想到，今天来游玩的人中许多是外国人，可见对待同一样东西，大家的态度变了。现在讲国家的核心竞争力，历史成了中国竞争力的部分，因为这是谁也搬不走、学不来的，无论当时是想追求湖光山色还是画舫玉桥，这项极具核心竞争力的资产留给了这个民族。

从中国人建颐和园开始，世界其他地方发生了许多中国人没有积极参与的事，先是有航海技术的国家到处去发现、占领新大陆，后来地理资源被证明是很宝贵的财富。然后又有工业革命引起的贸

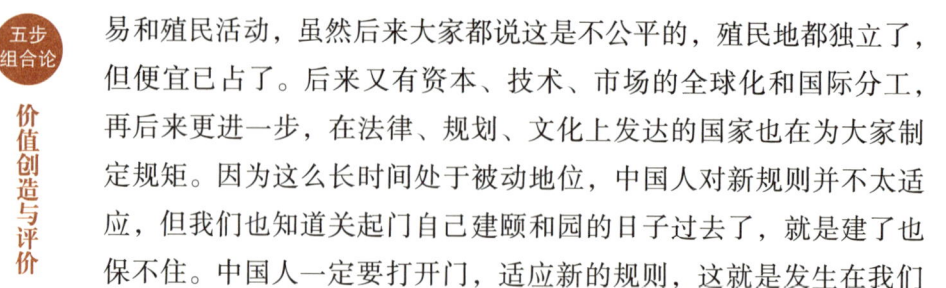

易和殖民活动，虽然后来大家都说这是不公平的，殖民地都独立了，但便宜已占了。后来又有资本、技术、市场的全球化和国际分工，再后来更进一步，在法律、规划、文化上发达的国家也在为大家制定规矩。因为这么长时间处于被动地位，中国人对新规则并不太适应，但我们也知道关起门自己建颐和园的日子过去了，就是建了也保不住。中国人一定要打开门，适应新的规则，这就是发生在我们周围的国际、国内的市场竞争。

市场的规则本来是公平的，就像拳击的规则本来也是公平的，但上场的一个是大人，一个是小孩，这时候公平就是很残酷的了。这就是现在大部分的中国企业见到国外对手时所面对的现实，国与国之间的关系，现在最多地表现为各国企业之间的关系，国与国之间对资源的占领，现在表现为企业对资源的占领。这其实与颐和园所经历的年代没有根本的区别，只不过换了形式，而中国的企业除了积极地去接受这种形式并去竞争，没有别的选择，因为它处在历史的这个阶段上。

市场竞争中的大人对小孩说，你力气不够，不要与我抢西瓜，你去捡芝麻吧，小孩只好说可以，但小孩能永远捡芝麻吗？外国的大企业对中国的企业说，你不懂技术，不要与我争，你给我加工零件吧，中国的企业只好说可以，但中国的企业能永远为别人加工零件吗？人在社会上的地位，小了是个人，大了是组织或者企业，最终是民族。竞争是企业的，无论企业的形象、形式如何变，它最终也是民族的，是民族的地位和财富的代表。这样的企业只能在国际竞争中创立出来。

今天的颐和园在我们的眼前，大家都觉得是应该的，其实我们的祖先是了不起的，他们给后人留下了一样经久不衰的艺术品，让后人欣赏。中国的企业会给后人留下什么呢？中国的企业能给后人留下像颐和园一样的有长久生命力的创造吗？

（2002 年 10 月）

> 品牌的建立是一种增加公司长远价值的方法。

承前启后，基业长青

今年的工作报告我取了个名字——承前启后，基业长青。一是想说公司今天的发展处于历史上很重要的阶段，有承前启后的意义；二是也想表达公司应该有基业长青的决心和计划。

下面谈三个问题。

2002年主要工作回顾

总体战略逐步清晰，内地发展战略全面展开

2002年，公司整体营业额、经营利润都有稳步增长。这是在香港经济形势不太好的情况下取得的，来之不易。表明公司再造华润集团的布局已经全面展开，而且开局良好。我们原有的业务逐步成熟、稳定，但增长性减弱，增长的主要动力来自新的战略下的内地新业务，新的战略不仅继续改善了大部分的原有业务，而且推动了公司的继续进步。公司近几年新投资的成功率较高，投资效益逐步显现，基础管理得到加强。

2002年集团下属24个利润中心向更专业化发展，各自的市场地位及竞争力得到加强。在新战略之下，公司在香港的主要业务——食品、石化、地产、零售、建筑、基建、电话等在稳定的前提下得到了改善和发展；在内地的业务——啤酒、地产、纺织、零

售、电子、电力、建材及玉米加工都得到新的发展，逐步成为在各自行业里有影响的参与者，有些到了行业前几名的位置，取得了令人满意的回报率和增长。与此同时，香港与内地的业务重心开始转变，有增长性的内地业务比重逐步增大。大约到2006年，内地业务就会基本与香港业务持平，这样的布局不但使公司增长性大大提高了，也大大增强了公司的抗风险能力。

任何公司要在行业、地域上在很短的时间内实施这样大的转变都是极具挑战性的。2002年我们在战略上的转变很大。所以2002年对华润集团来讲是很不平常、很难忘的一年！

管理团队得到发展、优化并逐步成熟

2002年的一项非常重要的工作就是加强了管理团队的建设，以企业使命为基础的企业核心价值观得到广泛推广和认同，企业的业绩文化、团队文化、学习文化得到深入。以培训研讨为手段的组织发展技术得到广泛应用，蔚然成风，大大促进了企业的整体凝聚力、战斗力。在团队发展上全面培养经理人、公正评价经理人、适时调整经理人，对经理人的调整促进了团队的合理组成，也推动了业务的发展，在用人原则上希望能够做到人尽其才、与人为善。整个团队在发展和市场竞争中得到锻炼，逐步成熟。

华润集团与下属利润中心的管理架构、管理范围进一步顺畅，激励约束机制进一步改进，认股权全面推广。团队的操守、诚信良好。集团职能部室作为服务中心的服务意识提高，专业化水平提高，认识到在集团整体转变、进步的过程中，服务中心也要积极转变，积极参与并推动集团整体竞争力的提高。通过团队建设的加强，全体员工激情投入，专业化水平不断提升，正是这些使企业有了扩张能力，如果没有我们今天相对年轻、敬业、有战斗力的团队，我们不敢去扩张一个新的业务。

资产质量、经营水平进一步提高

2002年的业务进步中，整体的经常性、经营性利润提升是重要

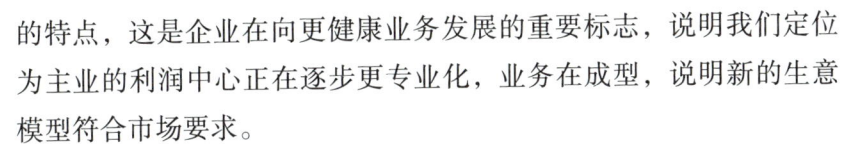

的特点，这是企业在向更健康业务发展的重要标志，说明我们定位为主业的利润中心正在逐步更专业化，业务在成型，说明新的生意模型符合市场要求。

2002年整体资产质量也得到改善，回报率比前一年提高，不良资产减少。对不良资产的处置力度较大，效果较好，同时防止了新的不良资产的产生。

对新投资、合资、并购企业的管理整合进一步深化，管理方式有新的进步，新企业快速融入华润的整体管理、文化体系，集团的整体协同作用增强。6S体系在2002年做了许多更个性化的改进，更贴近了公司的发展和不同利润中心的特点，这个系统在公司管理中发挥着越来越重要的作用。同时，新的CAS（计算机代数系统）开始启用，提供了更快速准确的管理手段。

现金流量健康，资金充裕，资产负债比率更加合理

2002年原有现金存量开始有投资，由收益较低的现金状态转换为回报率较高的资产状态，提升了整体回报率，这种情况会在2003年更明显地表现出来。与经常性盈利的增长相吻合，经常性的现金流入量增大，企业现金流量健康。因企业负债比率较低，融资余地较大，资金有保障。在现金管理上，风险意识增强，管理方法更科学。同时，最根本的企业经营健康，利润中心更注意业务中的现金流量，现金不仅是一个财务管理问题，而且是业务管理的重要一环。在融资方式上，集团在香港和内地积极推进新的融资创新，降低风险。

业务创新能力增强，竞争力提高

在新业务发展上，利润中心积极探索新的经营方式，在组织架构、管理方式、产品、营销方法、技术上都有不同程度的创新。创新给公司带来活力，也提高了公司的竞争力。在原有业务的改进上，积极适应市场、服务客户、创新经营，这些努力都提升了企业的市场地位，也提高了回报率。

2002年华润集团换了新的企业标志，新标志是在新的市场环境和经营理念下，对人、对事、对今天、对未来的一种表达。这种表达可以对社会讲，也可以对员工、对客户讲，希望体现出我们的"与您携手，改变生活"的信念和理想。在这种信念和理想的带动下，2002年我们举办了"华润带你闯内地"活动，在香港引起很好的反响，招聘了几十个香港大学生进入公司，增添了企业的新鲜血液。这是华润作为一家香港公司的社会责任，同时，也提高了企业的社会形象。

上市公司发展良好

上市公司在集团业务中起着越来越重要的作用。我们会坚定地向着上市公司专业化的方向努力。目前，几家上市公司的资产、定位都是很好的，都有各自的发展计划并在积极实施，未来是集团业务增长的主要部分。华润创业执行委员会在2002年发挥了很大的作用，使华润创业的管理水平得到提高。华润集团会继续支持上市公司的发展，并进一步通过上市公司推动业务的进步和体制的改革。

2002年工作中遇到的问题

多元化企业的管理方式的复杂性

华润集团是历史造就的多元化企业，多元化有抗风险能力强的好处，也有整体管理难度大的坏处，我们在探索中积累了很多成功的经验，但其复杂性仍然是集团管理的主要困难。在投资、财务、运营、人员等问题上，多元化企业都要求不同的、更实际的管理方法，我们还要用我们的努力和智慧来不断改进、优化。

新业务的建立遇到强大的市场竞争

2002年，建立新业务、培育新业务是集团工作的主要部分，但内地作为一个越来越开放的经济体，我们会遇到很多竞争，特别是外资的竞争。我们必须认识到，我们正在经历一个建立新业务、建立市场地位的过程，竞争是必然的，目前我们的行业地位还不稳固，竞争会给我们带来更大的挑战，我们应坚定信心面对竞争并在竞争中取胜。没有新业务的建立，就没有成长。2003年华润集团要鼓励增长，鼓励营业额及回报率的增长，把增长作为2003年的主题。

回报率相对低的资产仍存在

有些投资性物业、策略性投资回报率还较低，整体影响了集团全面回报率的提升，要加强对这些资产的管理，提升回报率。

管理团队较新，业务经验及专业性有待提高

集团许多职能部室和利润中心的经理人任职时间不太长，经验少，对行业的认识还有欠缺，好处是干劲高、激情高，但仍要提高专业化水平。我们许多新业务都在新地方开拓，尤其需要专业知识的积累和团队的磨合。

2003年主要工作

推进内地发展战略，坚定不移再造华润集团

2003年是关键的一年，从国内外企业的发展历史来看，要在几年内转变业务、地域，在新的地域、业务上取得成就，新地方的业务超过老地方的业务，这是不多见的。从这个意义上看，我们今天的任务很具有挑战性。能不能把战略细化，要关注执行力。2003年，华润集团要重点关注执行力，完善和稳固内地投资业务的基础，形成一个有生命力的团队和业务。在规模与效益的平衡上，我们提倡超越去年、超越预算。

持续优化，进一步完善基础运营管理

在战略相对清晰的情况下，要进一步优化基础管理。大家要从

心态上有一个转变：从战略转变到执行，从粗放式经营转变到细节、现金流管理，同时生意模型也要转变。6S体系要让大家觉得比较公正、准确，对业务有帮助，评价体系BSC（绩效考核方式）要对各个利润中心的营业额和经营利润有一个比较科学的排名，要鼓励增长，奖励那些增长性的企业。同时，要提高资产使用效率，提高ROE（净资产收益率）。在新的导向性评价体系下，希望各利润中心优化生意模型，形成竞争力，改善ROE低效资产。

要严格控制成本。目前在相对生意额做大的过程中，成本控制出现了放松的倾向，出现浮躁的心理。在企业发展时，企业规模增长是否能和成本同比例增长或者低于成本增长非常重要。对成本的控制应该引起我们极大的重视。要加强审计、监督的能力，尤其是其专业化、科学性。

注重现金流量，控制成长中的风险

虽然目前集团的财务状况比较好，不用担心现金融资能力，也没有遇到现金问题，但仍需要有现金意识。特别是我们在扩张时，新业务刚刚建立，这个问题从一开始就要注意加强，要有"现金是生命"的现金意识，同时我们坚决不以牺牲资金使用效率来换取规模和虚假利润。加强现金意识，这也是新生意模式的要求。

现金通道畅通的问题。集团对上市公司，集团对利润中心，集团对投资项目的现金通道都要畅通。公司架构不通、人员不通、汇率不通会反映到现金上来，有时候现金多，但不流动，也会导致通道不通。在严控关键比率方面，目前我们比较保守，今后根据现金流量的规模和效益的提高，对比率会有适当的调整，但在没有改变之前，要严格控制比率，严肃对待。各利润中心下属公司也要加强现金意识，要能落实下去，落实到利润中心下面的每个部门，使每个"毛细血管"都顺畅，并通过统一的评价方法来要求。

积极推进团队专业化，造就行业专家

组织发展与专业团队的问题，2003年会重点推动。我们能不能

培养一个人才梯队，提供集团发展的候选人群，对集团长远发展具有重大意义。这个工作需要进一步有意识地加强。严格要求经理人，要形成经理人能上能下、人尽其才、与人为善的用人原则。加强培训，发挥培训师作用。以前培训师到各个利润中心去研讨的方法，对各个利润中心了解集团和集团发展战略起到了很好的作用。2003年这种方式要加强。同时，培训师也要加强专业化发展，要深入结合业务进行培训。经理人要加强自身学习，逐步成为熟悉业务、对市场有判断力的行业专家。

推广企业、产品品牌，建立企业长期价值

品牌意识、品牌的建立是一种增加公司长远价值的方法。品牌可分为认知度、美誉度和忠诚度，由于华润集团的各种品牌很杂、很广，恐怕连市场的认知度都还不够，所以为了提升企业的价值，仍需要在品牌建设上下功夫。比如华润万佳，目前世界上能够把商店也做成一种商品的只有沃尔玛一家，如果华润万佳今后做得好，我也希望能把店铺做成一种商品。我们所有的企业，如地产、啤酒、轻纺等都希望能够做成在实物因素里带有精神因素的产品品牌，从而确立市场地位。所以，华润集团对品牌的总体推广，以及对各个利润中心品牌的定位和宣传是非常重要的。华润集团的品牌推广要与利润中心配合、定位，树立品牌形象，一定要对业务有帮助。华润集团2003年将设立1亿元的品牌基金，只要是华润集团全资或控股的企业均可申请品牌基金，以此解决各利润中心由于预算支出而控制品牌宣传资金投入的问题，同时推动集团的整体品牌建设。

深入改革体制，寻求更科学的经营机制

做企业是一个逐步和非短期的过程，不能操之过急，在这个过程中我们需要创新，要更富有实效的思维。以前常讲我们具有香港市场的经验，但现在来看，内地市场和竞争对手的迅速发展，使我们的这些优势已经不再明显，需要迅速创新，需要在激励约束机制

上不断改革，不断适应市场要求，适应行业特点，改革要更深入。

根据华润集团目前的战略布局和战略安排，如果各利润中心的预算能够按计划完成，华润集团就可以完成"2006年再造华润"的战略目标，华润集团的发展将跃上一个新的台阶。

（2003年3月）

> 一个不能有效管理内部现金流的企业，无论它表面规模多大，一定不是一家好的企业。

现金流

麦当劳 2002 年第四季度出现 3 亿美元亏损，人们说多年不变的生意模式和产品终于被追求更健康、更时尚产品的消费者所舍弃。变与不变这个考验管理者功力的经典问题再一次引起大家的思考。但在产品的战略定位后面，麦当劳这些年高速扩展的财务方式，也引起了大家的关注。麦当劳在外人看来是纯现金交易的生意模式，但为了支持高速发展，麦当劳需要在增加债务的同时提高资产负债表中的资产净值。麦当劳发明了一个很聪明的办法来提高这项本来只能通过盈利和股东资本增加获得的净值，就是把它加盟店的特许经营收入的未来值通过净现值的计算作为资产入账。这样的做法使麦当劳由一个本来是纯现金收益的模式，变成了可以由大量非现金的未来收益提高公司资产的生意模式。在这种模式下，麦当劳不仅有了一张可以更快速发展的资产负债表，更重要的是由此带来的思维方式的变化。公司的注意力没有充分放在新产品和提升服务上，难怪有人说麦当劳后期变成了一家地产公司或财务公司。这样麦当劳的产品多年不变的原因就找到了。

本来做生意要有真金白银是很简单的道理，可是当现代会计制度逐步发展，想更全面地描述企业财务状况的时候，简单的道理反而不容易看清了。前几年很流行的"创造性会计（Creative Accounting）"，使财务的表达方法不断被滥用，而且很多时候扭曲了管理者的经营行为。这些会计的处理方法和经营者的做法有很多不同的花样，其实万变不离其宗，它们共同的特点都是通过牺牲企业的现金流来达成资产增值、营业额增加、盈利增加的目的。这样的企业可能在短期内产生虚假的兴旺，但最终一定会因为现金流的不足而引起业务的衰落，甚至很多时候会危及生命。

企业永远会面对扩大市场占有率、增加营业额和提升盈利的压力。通过创新产品、降低成本、提高服务水准、建立品牌等做法来实现，这是对企业竞争力的全面考验，是一件不容易做的事情。但通过降低交易条件、改变付款方式、由大量应收款来创造没有现金流的利润，做起来就容易多了。这时企业的经营由产品风险变成了财务风险，商业企业具有了银行的功能，如向别人融资，可企业又没有银行提供金融服务的组织和模式，最终出问题是必然的。更重要的是，这种做法使企业真正的竞争力越来越弱，不仅在财务上承担了风险，也会被市场所抛弃。

除去营业的现金流重要以外，投资扩展中的现金流也同样重要。一家企业可以在表面上看起来有很多营业额，甚至很多利润，但其实现金周转很困难；一家企业也可以看起来很大，有很多投资，有很多子公司，在合并出售企业股份中有很多利润，但企业其实很穷。如果企业在股权的交易中，经常通过股权合并重估来提高其价值，在经营中通过权益法来计入许多利润，但企业最终没有投资性现金的收益，企业实际上也由经营性的公司变成股权投资性的公司，可企业在投资原则上并没有用投资性公司的原则来管理。在一个庞大的企业集团中，没有现金或者没有现金的正常流动，都会使企业面对现金流的风险。对一个暂时有现金存量而又想发展的企业，这样的诱惑尤其大。从根本上来看，一个不能有效管理内部现金流的企业，无论它表面规模多大，一定不是一家好的企业。

企业的现金流在自身的管理外有一个对外的接口，即债务的融资。经营和投资中的现金流的"牺牲"在短期内可以通过银行融资来补充，经营中的现金流问题通过对外融资将风险表现在了企业的资产负债结构上，企业因为没有强大的现金流而在结构上变得虚弱，融资的成本就开始上升，当融资环境一旦发生变化，企业就会面临生存的风险了。所以，没有现金流的生意，无论表面看来多诱人，一定不是好生意。

（2003 年 4 月）

> 企业在正常的市场环境下应是最主要推动 GDP 增长的力量。

GDP

GDP（国内生产总值）本来是一件宏观层面上的事，可这几年中国的企业和中国的老百姓都很愿意谈 GDP，无论是消费拉动、投资推动，还是出口带动，大家说起来像说自己家里的事一样熟悉。中国这几年 GDP 一直在长，人们觉得好像这是应该的，也没有仔细想过如果 GDP 不那么快增长了我们会什么样。我最近去泰国，因为刚看了中国上半年的 GDP 增长数字，与泰国一比，才感受到 GDP 增长快与慢真的不一样，中国人关心 GDP 太对了，因为 GDP 离我们的生活很近。

我第一次去泰国可能是在 15 年前，那时候泰国和中国比起来明显要繁荣得多，很好的例证是在曼谷大街上买的廉价商品在中国是很时尚的礼品。可这几年泰国 GDP 增长慢了，货币贬值了，再去泰国，与中国比起来，感觉大不一样了。我坐的飞机是泰国皇家航空公司的，椅子明显地破了，扶手都掉漆了，看看机舱里，人明显地少，多是些旅客，但生意人明显没有去上海或北京的人那么多。泰航曾经是全球服务最好的航空公司之一，可现在服务明显差了，餐饮也很明显地偷工减料了。过去常抱怨中国的航空公司服务差，因为与外国航空公司比起来反差大，现在这种距离越来越小了。GDP 增长不增长，航空公司给人的感觉都不一样了。听说曼谷新的国际机场 20 年前就在规划，现在还没有建完，曼谷的老机场也让人觉得破旧、拥挤了。

GDP 增长的放缓对泰国人的生活影响可能更直接，不说金融危机让多少泰国的银行和企业支付困难，泰国与 15 年前比起来，进步不大，大街上用摩托车偷偷载人的比比皆是，很破旧的小三轮出租车继续在运营。泰国的城市看不出进步，GDP 自然也不会增长，十几年前华润集团在泰国建的公寓楼是当时最好的，如今还是最好的。做空调压缩机的同事去看了泰国的空调市场，回来说泰国人用的空调型号旧、噪声大，好多年都不换。泰国经济蓬勃时计划修高架铁路，后来中途停工，只留下许多几十米高的大水泥柱子。可见 GDP 增长慢是社会整体进步慢的数字表现。

可以推动 GDP 增长的有三个因素，一是民众，二是政府，三是企业。企业在正常的市场环境下应是推动 GDP 增长的最主要的力量。企业自身的投资扩展在微观上给员工提供了就业机会，企业得到成长，在宏观上也推动了 GDP 的增长和社会进步。一个 GDP 高速增长的社会最终一定会有许多好的企业出现，好企业多了，社会会进步，GDP 也会增长。

过度追求 GDP 增长也会带来一些问题，因为 GDP 是以某个国家为依据，而不是以某国的国民拥有为依据，这样，中国外资多了，中国的 GDP 就高了，GNP（本国人拥有的生产总值）却没有同时提高。长期来看，这些财富不是民众的，中国人只提供了土地并在里边打工，可能短期内对改善生活水平有好处，但长此以往对一个民族的发展是不利的。

追求 GDP 的另一个问题是容易忘记追求 GDP 的最终目的，它应是全民的不断进步的幸福生活，可是牺牲了环境，滥用了资源，经济总量增长的同时，民众的健康、教育、艺术不能得到全面的发展，这就使 GDP 的增长变得不那么有吸引力了。

（2003 年 7 月）

> 香港有不少像跑马地一样的地方，是多年历史的积淀形成的，它在统计数字上表达不出来，但它的活力会在以后慢慢释放出来。

跑马地

虽然跑马在香港不是一件小事，可跑马地却是一块很小的地方。这地方因为邻近跑马场而得名，也因为邻近跑马场而身价不低。其实跑马地只有几条很短的街，地方不起眼，可那里也有不少有意思的事。

香港这几年日子过得有些难，像是一位过去成绩很好的学生，因为要考一门新课，脑子一时没转过弯来，成绩就下来了。又看着过去不如自己的同学成绩一天天向好，一时也找不到解题的窍门，心里一着急，就开始怀疑自己的能力了。其实，香港这个地方底子还是很厚的，过去的风光日子也不仅是偶然的运气，在跑马地小街道上走一走，你感觉到这块地方的内涵是多年磨练出来的。

跑马地的特点是跑马，跑马是为了赌马，赌博一般不会认为是件好事，可这儿的跑马却变成了大好事，因为马会是香港最大的慈善机构，马会用跑马收来的钱建学校、修医院。有人说跑马是自愿交税，有人戏称马会为第二政府，有人说去跑马赢了高兴，因为赢了；输了也高兴，因为做了善事。跑马场也很难管理，因为容易"造马"，也就是作弊，可这里的人找出了办法。今天"造马"这个词在香港还有，可大都是用来说别的事情，马场的"造马"几乎绝迹了，跑马地的马场变成了很规矩的地方。把赌博变成了慈善，把贪欲控制在规则之下，跑马地这里的功夫很深。

跑马地是香港的一个角落，可在这里你随意走进一家店铺，你会以为你是在欧洲，再一转身进另一家店，你又觉得是在广东的乡下，这里的人把这些很不同的东西和谐地放在一起了。你会看到有人在圣玛格丽特礼拜堂做礼拜，你也会看到有人晚上在街边烧纸，也叫烧"街衣"，是用来祭奠亡灵的。

大闸蟹本来是很中国的东西，可这里有专门把大闸蟹和法国洋酒放在一起卖的商店。这里滴着油的烧鹅和冻着冰的苏格兰生蚝是邻居，这里的面条馆偏不叫面条馆，叫"面条吧"。如果你在街上看到一些讲英文的中国孩子和只能讲客家话的老人，你别觉得怪，因为他们都很自在。跑马地把这些人和事都融为一体了。如果说有容乃大，跑马地可以包容这么多不同的东西，这个地方可能就不显得小了。

跑马地是香港的一个很老的居住区，这里住着不少老人。在香港便利和繁荣的背后，是一个很静的地方，可它也在不断散发着朝气。街上的店铺不断在变，新的建筑也不断有，这里也是年轻人的地方。

跑马地是香港演艺明星聚集的地方，有人说如果你戴着墨镜在街上走，在旺角人们会把你当成黑社会，在中环人们会以为你是保镖，而在跑马地人们一定把你看成明星。因为新的东西不断来到跑马地，新老交汇，在变与不变之间，贫与富之间，大家都找到了自己的位置，这里的体验就变得丰实了，深厚了。

跑马地这地方没有一条路是直的，也没有一条路是平的，也没有人替它规划过这里应该住什么人，这么多年过来，市场的推动和文化的交融让它变成了生命力很强的地方，也是很独特的地方。香港有不少像跑马地一样的地方，是多年历史的积淀形成的，它在统计数字上表达不出来，但它的活力会在以后慢慢释放出来。

（2003年8月）

> 只有从股东出发，才会使企业平衡快与慢、短线与长线、收益与风险。股东也是企业最终成功与否的评判者。

出发点

从什么角度出发看一件事，往往已决定了你对这件事的结论。人们的思维能力和经验走到今天，理性的逻辑推理方法差别已经不大，差别往往就在于出发点。一滴露水，有人说它是珍珠，有人说它是泪水，因为出发点不同。经济理论从市场效率出发就推崇自由经济，从经济循环出发就希望有政府干预。企业也是一样，在风险与收益、短期与长期、局部与整体、个人与团队之间永远都会存在着因为出发点不同而引起的差异。所以，看一件事，从什么角度出发，用了什么样的假设，可能比研究这个问题的过程更要紧。

企业都喜欢讲战略，战略也很容易变成一个让人热血沸腾的目标，可战略的逻辑起点在哪里？是资金、技术、人才？这些都很重要，但不能成为战略分析的出发点，因为战略不是一厢情愿的理想，战略是连接你所有和他人所求的桥梁。战略的出发点应该是你的客户，有了客户，才有市场，才有产品定位，才有对竞争环境的认识，才有自身的资源分配，才有执行中的流程和效率。出发点对了，没有资源可以创造资源，出发点错了，有再多的资源也会被浪费掉。有意思的是，自身占有资源较少的企业往往凭直觉认识到这一点，而较大的企业因为盲目自信或自大，往往忽视了这个重要的出发点。这其实与我们常听到的做人的其他道理是一样的。

出发点在企业内部管理运营的思考中是同样重要的，企业中有人讲营销，有人讲财务，有人讲成本，这些都是企业运营中至关重要的环节，但它们不能成为企业管理中逻辑思考的出发点，因为企业组织中的核心是人，因为人有灵性、有人性，与物性不同。企业作为一个组织，它管理逻辑的出发点只能是人，也就是企业的员工。从这一点出发，根据企业员工所受到的特殊的社会环境的影响和制约，企业的员工会被赋予使命和责任，由此才会产生企业的战略目标，才会形成服务于使命和目标的文化，才会有企业中澎湃的激情。这些从员工出发而产生的精神因素会形成无所不在的推动力，使企业能坚韧地突破经营中的困难。对于一个处在变革中的企业，这一点就更重要了。

企业每天都在做资源配置的取舍，影响决策的因素很多，这里也有一个出发点的问题，管理团队自身的，甚至是企业自身的要求不应该是资源配置的出发点，虽然它是很重要的因素。资源配置的出发点也不应该是这项资源配置预期的效用本身，应该是这项资源的投资者或股东，以及他们自身的价值取向（他们对价值增值的要求和可以承受的风险）。只有从股东出发，才会使企业平衡快与慢、短线与长线、收益与风险。股东也是企业最终成功与否的评判者。从股东利益出发，企业在资源配置的取舍上的决策就有了侧重的方向。

股东、员工、客户三者在静态情况下其利益有时是矛盾的，但在动态和发展中又是和谐统一、互为依存的。处理好这三者的关系是管理者永恒的责任。不少企业过去都做客户满意度和员工满意度的分析，但很少企业做股东满意度的分析。徐州的华润电力公司几年前设立了股东日，万科最近也提出了股东满意度。股东、员工、客户三者的重要性都在纷杂的企业经营要素中凸显出来，如果把他们作为企业不同层面决策的出发点，企业经营中的逻辑思维就更清晰了。

（2004年8月）

> 系统思考的方法是推动企业进步的方法，也是可持续发展的企业的思维方法。

持续性

如果今天你打开一本关于电子科学的书，与 50 年前同样题目的书作比较，你会发现人类在这一方面无论是在理论上，还是在应用上都有巨大的进步。也就是因为这样，使年龄稍大一点的人对五花八门的电子产品跟不上了，先是不了解它越来越多的功能，再是不太会使用，接着就是干脆不知道它是干什么用的。回头想一想，从电的发明，到电灯、电话、电机、电子、微电子，一路走到今天，自然科学的进步从根本上改变了我们的生存环境。而自然科学的这些进步明显是阶梯式的、接力式的，不间断地在进行，不同国家、不同时代的人都站在前人的肩上，比他们上一代的人进步了，而且这种进步的速度是惊人的。

与此形成鲜明对照的是人文社会科学，如果你今天打开一本哲学或经济学的书，哪怕与 100 年前同样题目的书来比较，你会发现人类在这些问题上的认识与过去相比进步不大，有时还会觉得 100 年前的哲学家的论述更系统、更深刻，现代的经济学也更多的是增添了一些数字和公式，把问题更复杂化了。在人文科学上，大家的共识少、争论多，对实践的指导也是支离破碎、时断时续的，能站在巨人肩上发展进步的不多，因为走不了多远基础就又出了问题。可能是因为研究中加入了人的因素变量就无法控制了，也可能是因为人把自身当成了研究对象后就失去了认识的能力，就好像一个人很难正确客观地了解、评价他自己一样。

　　介于自然科学的接力式特点和人类科学的间歇性特点中间的是企业管理的科学，它在多年的进程中形成了许多理论的共识，但也仍然有许多争议未了的问题。这门学科的实践性远远大过它的理论性，最好的商学院也不过是把过去的案例用来做教材。这门学科的特点是它的个体差异性，在同样的理论和环境下，实践者的结果也可以相差十万八千里。同样是顶级企业的通用电气和摩根士丹利，前者可以在其100多年的历史上只有9个CEO（首席执行官），而且持续发展，后者则是在公司经过大动荡后，约翰·麦克又戏剧性地回到CEO的位置上。虽然企业管理的理论有接力式的特点，可许多企业又不断出现间歇性，甚至间断性的问题。企业能否持续性发展，要依靠不同企业自身的探索。

　　企业的可持续性发展几乎是指企业管理的全部，内容可以很庞大，但在方法上可以很简练，这就是从表象出发但不能停留在表象上。如果今年大家议论的企业的问题和去年议论的是同样的，这个企业就停留在一般的直觉管理上了，没有了进步。因为企业中大部分的问题仅在浅层面的单一环节是解决不了的。从表象进入价值链的流程的分析，找出价值链中各因素的顺序，建立它们中间存在的逻辑因果关系，在这些因果关系中找出最核心、最关键的环节，这样你就形成了一种系统的思考，形成了找出问题和解决问题的方法。系统思考的方法是推动企业进步的方法，也是可持续发展的企业的思维方法。在局部、浅层面上不断地、惯性地绕圈子，不但无法形成企业管理的立体系统，而且是企业进步的大障碍。只有突破了这个思维方式，企业才有坚定的、不动摇的战略行动，才有企业的持续性发展。

（2005年8月）

> 为什么今天看来资本转移越来越容易了，可各行业利润平均化却离我们越来越远了？

为什么

　　为什么同是在信息产业大行其道的时代，做芯片和做软件的企业赚钱，而做个人电脑组装的企业不太赚钱？

　　同样是芯片，为什么做8寸线和12寸线的企业赚了多数的钱，而做6寸线以下的芯片企业只能赚到少数的钱？

　　同是在通信行业，为什么手提电话的运营商大都赚钱，而手机的生产组装商却不太赚钱？为什么在一端上，固定电话网络的运营商市场份额被移动运营商拿去了不少，而在另一端上，3G电话在世界范围内推动了这么久之后，还是很少有运营商有利益获得？

　　为什么在中国很少生产电视机时，电视机是高利润产品，而当中国大量生产电视机，成了世界电视机大国后，电视机的利润就变得很低了？

　　为什么同是在航空业，生产飞机的企业大都盈利，而提供服务的航空公司大都很少盈利？为什么美国70％的航空公司都进行破产保护，而且这个行业历史上统计是亏损的？可为什么香港的国泰航空有限公司一直都有很好的利润？

　　为什么同是在海运行业，码头特别是货柜码头一直都有很好的利润，而航运的船舶公司利润常常大幅波动？为什么几乎大家都说航空业在美国一定要赔本，可美国西南航空公司在油价大幅上升时仍然赚钱？

为什么旅游是个大产业，旅游的消费越来越大，可世界上没有出现大的旅游集团？

为什么地产行业的发展商大都赚钱，而建筑公司利润不多？为什么搞建材的公司利润也不错？为什么家庭装修是个大产业，可很少有大的家庭装修公司出现？与此相联系，为什么世界上有几家规模不小的办公家具公司，可几乎没有大的家庭家具公司？

为什么世界上有不少大的服装销售公司，可没有与之相近的服装生产企业？

为什么有品牌的企业找人加工产品那么容易，而生产企业想创立自己的品牌那么难？

为什么发展中国家的生产企业许多年前就明白要创立自己的国际品牌，可许多年后这种现象很少改变？

为什么大家都知道农业和食品是人类的基本需求，可全世界的农业几乎都要靠政府补贴？与此同时，为什么没有特别大的农业种植业企业出现，却有很大的粮食加工贸易企业存在？

为什么各种各样的餐馆遍地都是，也有不少百年老店，可只有麦当劳等几家餐厅变成了世界级的企业？

为什么同是在保险行业，财产险的公司波动很大，而人寿险的公司发展稳定，变成了保险业的主流？为什么银行业中商业信贷的盈利在减少，而消费信贷的比例在增加？

为什么物流行业发展这样快，大家说物流说了很多年，可除了UPS（美国联合包裹运送服务公司）、FedEx（联邦国际快递）等几家企业外，没有真正的大型企业冒出来？

为什么同是在娱乐行业，发行人、制片人和演员的利益很多，而那个很重要的故事的作者却好像让人忘了？

为什么世界级的零售企业越来越大，消费品的生产商越来越无奈？为什么零售商在不遗余力地推动自有品牌？

为什么互联网的企业在经过了大淘汰后又繁荣起来，大有卷土重来之势？虽然网络企业经营状况改善很大，可为什么给它提供硬件的企业却受惠不多？

为什么这样一些问题可以随着思绪而又没有次序地不断写下去？为什么答案总是似是而非，而且不断变化？为什么马克思一百多年前可以证明资本不断转移，各行业利润趋于平均化，而今天看来资本转移越来越容易了，可各行业利润平均化却离我们越来越远了？

为什么？

（2005 年 11 月）

> 国力和企业竞争力的提高要靠系统地解决面临的问题，制度和体制要正确，资源要善用，组织活力要具备，创新、创造和不断修正自身的文化要具备。

谁怕谁

最近有一种越来越明显的感觉，好像美国人真有点开始怕中国人，因为中国经济高速成长，美国人开始感到受威胁了。这种怕还不仅仅因为短期的产品竞争，或者贸易逆差，而是长远的国家地位的变化。

前几天我见到美洲银行主管国际业务的负责人，他说如果用一个最简单的词来表达当前美国对中国在国际上经济地位日益提高的感受就是 Scary（害怕）。刚好来访的美国民主党参议员舒默也在无意中说出1840年前中国的GDP曾是世界GDP的三分之一，未来可能会是多少可以想象，语气中也流露出对中国发展很快会影响到其他国家的担心。还有花旗银行的董事长鲁宾，也说中国在未来三十年左右会超越美国成为世界第一经济大国，虽然当时在座的中国人都说这是不可能的，但是鲁宾说多少年前当有人提出美国的GDP会超越英国的时候，很多人也认为是开玩笑，可现实怎么样呢？2005年中海油想并购美国优尼科石油公司的时候，通用电气的伊梅尔特也说美国看到中国不仅向美国输出了大量产品，又用贸易顺差的一小部分买走了美国认为最宝贵的石油，让许多美国人担心和害怕。这么多人表示了这种担心，看来这种害怕真的在形成。

从中国来看，中国经济快速发展当然是好的，可中国真的要威胁并超越美国了吗？从经济构成的实际内容来看，这一天还很遥远。

这让我想起二十多年前，当时的日本也同样令美国担心：大量的出口顺差，给美国的传统工业带来巨大冲击，一般日用品、电器产品、汽车、钢铁等行业因无法抵御竞争（也包括来自亚洲四小龙的竞争）而裁员。美国逼迫日本汽车商到美国开办汽车厂，亚洲四小龙也通过每年的采购团来减少贸易顺差，以缓解美国的情绪。当时风靡一时的一本书叫《日本第一》，当时管理学中有"X理论""Y理论"，还因为日本的管理方法好而创造了一种"Z理论"。日本人用大量的外汇盈余不仅买了美国政府的债券，还买了纽约的摩天大楼，买了美国的电影公司，也买了美国的棒球队和动物园。

可今天回头来看，日本并没有超越美国，反而日本经济在过去十几年来几乎停滞，以汽车为代表的低成本出口并不能长久维持，日本在经济高速增长的同时并没有解决其金融系统中的致命问题，而这个问题到今天还在拖累日本经济；日本也没有解决其企业组织因为规模变大而变得僵硬和失去活力的问题。相反，美国在过去十几年来企业组织不断得到更新和完善；日本也没能从根本上解决其模仿能力强，但基础研发不足的问题，最终技术上的竞争力还是在美国手上；日本也没能跳出在文化上的岛国心态，日本公司在海外投资的成功率远远低于美国。今天的结果是，日本人卖掉了过去在美国买的大楼，还把日本国内的一些金融机构和汽车公司卖给了美国或其他国家，曾让美国担心的威胁消失了，美国还是世界第一。

今天说威胁来自中国，中国作为新的挑战者足以感到骄傲，但有日本的经历在前，我们应该知道事情远远没有那么简单。宏观与微观的道理有时是一样的，仅靠规模是不够的，仅靠投入也是不够的，仅靠牺牲资源是不够的，仅靠一时的热情也是不够的。国力和企业竞争力的提高要靠系统地解决面临的问题，制度和体制要正确，资源要善用，组织活力要具备，创新、创造和不断修正自身的文化要具备。这些要求，不是一时的，而是持久的；不是形式的，而是深刻的、内在的实质内涵。在这些层面上，中国的企业，特别是民族的企业，还有很长的路要走。

（2006年3月）

> 即使这家企业在某个环境下亏损了，也不能说明它就是一家不好的企业，即使有盈利，也不能说明它就是一家很好的企业，我们需要的数字系统应远远多过一个简单的结论。

数字谈

一家企业，能否在全体成员中，无论是管理层还是普通员工，无论是财务人员还是销售人员，建立起一种对数字的神圣感、严肃感、法律感、尊重感、科学感、专业感，可能是企业整体管理水平的一种很重要的表现。企业其实生活在数字中间，有了好的数字系统，或者叫信息系统，企业的效率会提高，决策会准确，评价会公正。道理说起来很简单，但做好并不容易，无论是中国的企业还是外国的企业，都在不同程度上向着这个方向努力。可企业中的数字还时常出问题，因为数字是人做出来的，这里不仅有技术问题，还有态度问题。

企业经常对经营问题发生一些争论，企业的组织也经常因为这样一些争论而发生矛盾。其实这些争论很多时候是没有必要，也没有用的，是企业会议中浪费时间很多的一种情形，因为大家基于的数字系统不同。有时是两种不同的数字，有时是对一组数字的不同解释，有时是数字不同的表达形式，有时大家质疑数字来源的可靠性。这样的争论，没有观点和认识的进步，只是对已发生过的事实的不同描述，而数字系统的不准确是根源。如果企业过不了自身的数字系统这一关，就难有大的进步。

几年前，一家企业向一群投资者介绍企业的经营情况。这家企业想吸引新的投资者加入，在企业说了自身的经营业绩如何好之后，有位投资者突然举手问道："请问你的审计师是谁？"当时会场一片寂静，因为这个问题是很不礼貌的，这个问题其实暗示了听众已对这家企业介绍的数字发生了怀疑。虽然这家企业当时说出了一家知名的会计师行的名字，但在后来几年这家企业的财务数据也的确出了些问题。企业单靠外部的审计师是解决不了数字系统的问题的，特别是解决不了管理系统的数字问题。

企业对数字的态度也时常受到社会环境的影响，一个社会对数字的共识也是这个社会文明及进步程度的表现。最近看报道说上海有一个豪宅卖了过亿元的价钱，从报道来看，买家有名有姓，买的过程也合理合法，可马上就有人说买家是"托儿"，是发展商在造势、炒作，搞得这宗交易又披上了神秘的色彩。即使这宗交易是真的，就会有很多人跟随吗？不一定。即使这宗交易是假的，就真能造势吗？也未必。造假的人付出的代价往往比真实的人付出的代价大。可对数字的怀疑几乎成了思维习惯。还有一则报道说，有一家过去大家都认为经营得很好的汽车企业，突然传出企业可能有巨大亏损，这家企业也马上出来否认，可这种事情是应该在一个混沌的环境下争论的吗？即使这家企业在某个环境下亏损了，也不能说明它就是一家不好的企业，即使有盈利，也不能说明它就是一家很好的企业，我们需要的数字系统应远远多过一个简单的结论。数字本来是我们工作的工具，可它在很多时候给我们造成的更多的是困惑。

企业在提供产品和服务的同时，也制造了数字。企业的数字是社会数字系统中很重要的一部分，它与企业的产品和服务的质量同等重要。一位哲人说过，人生是由数字组成的，我今天才体会到这句话的深刻内涵。企业对数字的要求要高过一般的数字统计，数字不仅要求是真实的，而且产生数字的方法是合乎规则的；数字的分类系统是科学的，数字的分析解释是符合市场原则的，数字系统是完整的。数字在企业里是起点，也是终点；是过程，也是结果；是工具，也是指挥；是依据，也是目标。对数字的责任感，不仅是财务人员的，更是管理人员和全体成员的。想建设一个灵敏、准确、科学的数字系统，外部环境只能辅助，动力必须来自企业自身。这是企业长远发展的第一步。

（2006 年 7 月）

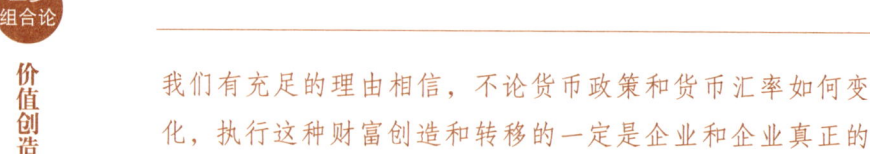

> 我们有充足的理由相信，不论货币政策和货币汇率如何变化，执行这种财富创造和转移的一定是企业和企业真正的国际竞争力。

货币谈

2006年大家谈到的很多是中国外汇储备的快速增加和人民币的升值。出口型企业越来越深地感受到汇率变化对业务的影响，过去几年我们习惯了人民币汇率相对稳定的环境，现在企业再做年度预算，不得不把人民币汇率在未来一年可能发生的变化做几个不同的假设，再得出企业经营可能得到的不同结果。今天货币和汇率的因素又一次深刻地影响了我们，我想这一次的影响会持续很长时间。

货币和汇率是什么？为什么它总在不断地困扰我们？现在大家已经不太讲货币的起源了，可不论是亚当·斯密还是马克思，在他们的著作中，货币的起源和功用都是重要的章节。自由学派经济学家米尔顿·弗里德曼在早期也更多地被人认为属于货币学派，但更近一些的现代经济学的教科书（如保罗·萨缪尔森的多次再版的经济学课本）对货币起源的论述已经很少了，它会更多地研究现代金融市场，把货币的本质和起源当成了已知的先决条件。但货币这个人类经济活动中伟大的发明，在经过了它的原始形式，如用牲畜、贝壳、烟草、皮革来做货币，到演变为用贵金属、纸币，再到用信用卡、电子支付，人们创造出了狭义货币和广义货币，货币变得虚幻了，变得难以理解和把握了。对社会的个体，货币变成了收入的形式和财富的积累，这就是马克思所说的货币的商品属性和储藏功能。对国家，货币变成了主要的宏观政策手段，这就是米尔顿·弗里德曼所说的货币的发行量和周转速度之适当决定了一个国家的经济发展。但货币所内含的本质在其初始的商品交换媒介作用逐步被电子手段替代以后，货币作为价值尺度变得更准确、更便捷了。但这个价值尺度的形式也发生了根本的变化。

货币不再是实物，不再是商品了，货币在大部分时间不是有形的，而是无形的了，货币变成了一个数字系统，银行变成了最大的数据库，每个人、每个公司的所谓的财富和实力表现在一个数字上。虚拟的数字系统在指挥着人们行为的变化，由此衍生的国家货币政策变成了财富分配的手段，由此我们知道一个国家最方便当然也是很不负责任的税收就是通过发行货币而带来的通货膨胀，由此也产生了繁杂庞大的金融系统，产生了利率、汇率、外汇储备等名词。美国在建立了世界上最大的经济体的同时，也创造了被最多人接受的国际支付货币，也是最大的国际储备货币。

不论货币这件本来是一头牛或一个贝壳的事今天变得多么让人眼花缭乱，它所代表的由有效社会劳动创造的商品的价值尺度的功能一点也没有变化。表现在国际贸易上，因为国与国之间的供求出现了不平衡，代表这种贸易尺度的某国货币的汇率也必然会发生变化，这也是成千上万的企业行为所造成的，企业也必须在一个新的货币环境下找到自己生存和发展的方法。在这里我很想引用一段马克思的话，因为这段话实在太精辟了。马克思在谈到世界贸易中的世界货币的时候说："他们充当财富的绝对社会的物质化是在这样的场合：不是买或支付，而是要把财富从一个国家转移到另一国家。"而今天，我们有充足的理由相信，不论货币政策和货币汇率如何变化，执行这种财富创造和转移的一定是企业和企业真正的国际竞争力。

（2006 年 10 月）

> 企业里的评价标准应是一个系统，不能是模糊的、片面的、主观的，在这里标准的清晰、公正和对标准的理解比评价的结果更重要。一家好的企业一定是对内部评价标准争议很少的企业。

定标准

一位游客在香港一家手表店里买一块很名贵的手表时，追着店员问这只手表牌子世界排名第几。店员面露难色说那不一定，要看是谁评的、什么时候评的、什么价位分类评的。这位客人很不满意，说这么简单的事都说不清，你们怎么卖这么贵的手表。我想这位店员是诚实的，手表排名这件事本来就没有严格的标准，如果买表的人自己心里没有主意，要让别人的排名来替自己做决定，而自己对排名的标准又不清楚，那么因为相信了排名而受误导的可能性很大。

相信排名已成了我们的思维习惯，特别是对国外的一些机构的排名，有时我们到了推崇的程度。每到年末，各种媒体都进行各种各样的评比排名，对企业的、对产品的、对企业经营者的、对品牌的，从各种不同的角度进行评选排名。大家都对排名的结果感兴趣，但对评选的标准、程序，甚至评选的机构并没有去关注。评选排名本来有其正面的意义，但因为有了太多形式的评选和太模糊的标准后，评选排名更多地变成了一场"活动"，而缺少了反思和指导的意义。

不论是一种食品、一件衣服还是一幢房子，只要外国人说了好，它都会出现在产品的主要销售卖点之中，大做广告，成为最有说服力的推销手段。我们常说一流企业定标准，其实不仅在技术标准上，就是在这样一般的评比标准上，外国人好像又替我们定好了。且不说各种各样的组织评比的机构是否够资格，有多少商业性，就是对其评比的标准我们也不甚清楚，好像也没有兴趣去深究，这就出现了一些让我们莫名其妙的结果。

　　企业内部也是同样。到了年底，总结评价是必须的，一年了，大家要评个高低。这是推动企业进步的有效工具，但也是一个很难的过程，它的难度不亚于任何经营的决策，因为它影响的时间很长，因为上一年的输赢已是次要的，因为它对未来有导向性。评价标准在企业中就像是铁路的扳道岔，你往哪里扳，企业未来就往哪里走。企业里的评价标准应是一个系统，不能是模糊的、片面的、主观的，在这里标准的清晰、公正和对标准的理解比评价的结果更重要。一家好的企业一定是对内部评价标准争议很少的企业。

　　对事情的评价可分为两类不同的方式。一是感性的、舆论型的、公众印象型的，我们通常叫口碑。现在我们对许多企业的评价排名大多是口碑式的，没有系统的标准，也没有深入的调研支持，非量化的主观判断居多。虽然口碑式评价有其合理性，但如果它可以建立在系统专业的标准之上就更有说服力，也更有长期的生命力，不会几天前刚说某企业很好，几天后企业的经营就出了问题。二是专业的，评价标准可以来自市场竞争的反应，来自专业投资者的分析、银行的分析、审计师的分析、公司内部职业管理人员的判断等。如果在此基础上再有口碑，口碑的标准可能就更清楚一些。口碑评价和专业性评价越相近，说明社会对企业的评价越成熟。能把专业的标准应用在企业的评比排名上的机构，它就会是长久的权威机构，也会对企业产生积极的影响。

（2007年2月）

> 对自身历史的回顾、批判和提升是企业进步中最有力的方法。

历史感

很多时候，好的医生照料不好自己的身体，好的教师教育不好自己的孩子，好的哲学家可以把人生意义给别人讲得头头是道，可自己遇到点烦心事也同样想不开。因为这些职业的知识对大多数人来说是身外之物，是工具式的学问，自己并没有活在里边，真用起来就很生硬，不自如。

真正能进入心里的道理一般都是自己经历过的，自己悟出来的，这时候所谓的学问变成了身内之物，可以应付万变自如，所以经历和历史就对我们很重要。在学校里学历史的时候也是把历史当成讲给别人听的故事来学，但慢慢想想才明白，历史的过程不是一种故事式的知识，历史是一种态度，是一种方法。历史学家可以把历史细节探究得很清楚，但有多少人能让自己自觉地活在历史之中呢？

企业的竞争环境往往使企业普遍的思维方式是向前看、发展型的，历史往往被忽视，特别是中国的企业，本来历史就短，变化就快，更顾不上回味历史。但现在看来，对自身历史的回顾、批判和提升是企业进步中最有力的方法，因为是自身的，不是别人加工过的，是最有体验的过程，一定最有心得，最刻骨铭心。这对于企业管理者作为个体，特别是企业作为一个组织都是最好的进步的营养。我们常说某企业把其历史保留得很好，有很好的企业历史的展室，看起来它们不仅是很用心地保存了历史的记录，更重要的可能是很用心地反思了每一段历史。企业不断在转变、进步，每一段历史都形成了根植于自身的经验，也形成了组织文化的一部分，好的企业一定是活在自觉的历史过程之中的。

企业在回顾自身历史时往往强调在过去的短时间内，得到了快速的发展。企业的健康发展当然是令人高兴的，但企业在成长中的波折也是不可避免的，有波折的历史才是完整的，是每个企业学习进步中最宝贵的案例。如果企业的历史被有意地修饰过再来证明管理者的成就，历史的意义就消失了，在某种程度上，一个企业对它的历史的态度与一个民族对自身历史的态度所产生的作用是一样的。

能从历史来看自身的企业才能长远发展，自己才有平实感和渺小感，遇到困难才有更多的坚毅。历史感会改变我们看问题的角度。记得我曾路经一座欧洲的小镇，镇边的山头上有座古城堡，存在500多年了；镇中心有座教堂，存在400多年了；镇里有个政府的小建筑，存在300多年了；还有个邮局，也存在300多年了。而这些老建筑，现在的人们每天还在使用。我相信在这座小镇上生活的人，因为历史的熏陶，对事情的看法可能有很多不同。

（2007年9月）

除去财务指标上的预期，公司也会给客户、员工，甚至社会带来一些行为上的预期，预期就变成了公司内外的经营环境，有形与无形、物质与心理、现在和未来就都联系在了一起。

说预期

2008年大家谈论的话题离不开石油价、粮食价、CPI（消费者物价指数）、人民币汇率等，一是因为它们价格波动大，二是因为造成波动的因素更复杂了。过去一说某个商品的价格，一般会说供求关系，有时也说供求关系中有投机和炒卖因素的影响。现在有一项新的因素越来越多地加入其中，而且越来越说不清楚，这就是对这些价格变动的心理预期，心理预期在价格形成过程中起着越来越大的作用。

我觉得心理预期之所以在大宗商品价格的形成中扮演重要的角色，一是因为这些商品的交易过程已经越来越从其使用价值的交换功能变成了投资价值的功能，参与交易的人很多是投资者或投机者，而非真正的使用者；二是现在世界信息快，供求变动的信息快，影响经济环境的信息快，分析者多，预测也多，虽然预测不一定对，可预期给人们的行为带来了很大的影响。

经济学上的理性预期理论（Rational Expectations）说的是经济运行的最终结果往往就是大家预期的结果，因为预期与行为是相关的，与结果也是相互作用的。预期本是心理因素，可它与多数人的行为相联系后就成了实际的行动，所以唯心主义在这里起了决定性的作用。所谓心想事成，一个人可能做不到，大多数人都想就做到了。

公司的管理中用预期因素来分析的不多，但是在一个组织的建立发展中，其成员的预期也会起至关重要的作用。如果公司的大部分成员在工作中对自己的未来没有很好的、有信心的预期，那么这家公司也不会成为一家好公司。众人预期的形成来自他们对过往发生事情之规律的理解，一旦形成，会极大地影响公司的管理方式和文化。如公司里一项对人的任免奖惩的决定，除了有它即时的作用以外，也会让人们形成一种预期，是公司里提倡什么、反对什么的预期，从而也影响公司整体的行为。如公司每年做的预算，是一个典型的预期管理的方法，它除了应有科学设定的依据外，预算也是一个调动团队去达成预期目标的过程，如果预期是大家的共识和统一坚定的行动，那么预期也就容易变成现实。以往我们关注比较多的是对公司现状的管理和改进，而对整体团队逐渐形成的心理预期，不论这个预期是在公司前景上的，还是具体业务上的，还是组织和个人上的，我们分析和关注得都不够。其实这种预期及团队为达成这种预期的努力，是公司进步的主要动力。大部分人是活在明天的，公司也一样，是明天带动了今天，有了明天才有了今天的激情创造。

与治理因为公众预期而可能加剧的通货膨胀一样，公司内外的预期设定和对预期的管理也是公司管理中的重要一环。在投资者关系中就有人不断强调要懂得管理投资者预期，说的是不要让投资者失望，失望多了就变成了失信，管理层的信誉就没有了。除去财务指标上的预期，公司也会给客户、员工，甚至社会带来一些行为上的预期，预期就变成了公司内外的经营环境，有形与无形、物质与心理、现在和未来就都联系在了一起。预期的力量很大。

（2008 年 8 月）

> 长远来看，是否投资一项业务要同时考虑 EVA 和业务自身的战略布局。

形势·应对

能否运用 EVA（Economic Value Added，经济附加值）的概念，是大部分传统国有企业和现代化的资本市场企业的核心区别。把 EVA 搞清楚、用好了，我们的技能才能很好地发挥，中粮集团的经理人才能成为中国最好的一批经理人，因为他们的思路会很平衡。现在我们的经理人可能不需要自己去融资，不需要知道钱是从哪里来的，也不需要去做销售。但是，没有经历过全循环运作的经理人，一定是不成熟的，不可能把企业整个的大循环做起来。融资和市场是运营的两个主要环节，经理人要从这里开始关注资金来源，关注资金成本，关注股东资本、银行贷款及投资的规模，更要关注现金流。

金融危机对中粮集团的影响

直接影响

这次危机对中国的影响还是比较大的。第一，买了股票、债券的企业会有直接的经济损失；第二，在华外资大量减少；第三，出口减少；第四，可能带来信贷紧缩，对国内货币政策、外资企业就业带来很大的影响，最终会影响到消费、税收等方面。

从中粮集团的情况来看，基本面是好的，业务会保持稳定的增长。资产受影响最大的可能是上市公司的股票会贬值，这个对集团有现金流方面的影响；另外地产估值要下降。集团的粮食、食品等业务对经济危机不是特别敏感，但是也会有一些影响，不会像钢铁、铝等行业受的影响那么大。

为什么说要过紧日子，要信贷收缩呢？金融危机对中粮集团直接的影响，从财务上看，我们会面临一个比较紧的融资环境，可能也会面对一个比较高的资产交易难度，卖什么东西都会变得更难，过一两年紧日子是不可避免的。

金融危机与中粮集团发展阶段的关系

集团做了2009年的计划，营业额预计1000亿元左右。三年前我们探讨过中粮集团的转型，要进入的行业、投资、资产和利润的规模等，我们用三年的时间实现了当时制定的五年规划目标，第四年的时候已经超过当时制定的目标了。2009年是第五年，是什么状况我们还不清楚。过去几年，根据中粮集团的战略布局和发展阶段，已经逐步把资金投入几大业务板块了。我们的投资有三个来源：第一，过去中粮集团的现金存量；第二，一定比例的负债，不超过60%；第三，几年来的盈利积累。根据战略、资产布局和发展阶段来讲，现在正好到了通过管理实现回报的时候，恰恰就在这个阶段，赶上了金融危机。我们一直以不断的、长期的增长思维来看集团的业务，今天环境发生了巨变，突然来了个大转弯，大部分人没有经历过这么大的转弯。

从各块业务对2009年的预测情况来看，中粮集团下一步的扩张和运营只能依靠自身的有机成长。通过对各业务的分析，从大家做的预算也能看出，2009年的经济形势会比较严峻，中粮集团的业务面对的局面也比较严峻。

应对危机

现金为王

下一步如何继续加大投资、扩大规模？实际上是现金流的问题。钱借不着了，集团也不投资了，资本市场萎缩了，该怎么办呢？要靠自己，就这么回事！通过提高运营效率，降低应收款，减少预付款，减少库存，严格控制固定资产投资，现金为王。

中粮集团目前的业务机构设置是多元化控股公司的架构，这样的架构有两大特点：第一，多元化；第二，业务板块是相对独立法人经营实体或上市公司。中粮集团自身除去有一点证券投资以外，没有别的业务。亨氏盈利跟中粮集团差不多，就靠卖番茄酱。对亨氏来说是专业化经营。中粮集团能不能这么做呢？有难度，不是我们这么做利润就来了。中粮集团的业务是"一个都不能少，都要有饭吃"，很难关掉哪个业务。好的资产不想卖，坏的资产也没人买。多元化的结构也不是没有好处，为什么呢？像今天这种形势，有些行业利润下降得很快，有些行业还有盈利，这就是多元化的好处，多元化企业有抗风险的优势。通用电气发展快得益于其多元化，进入新行业速度快，发展空间大。

现在要解决的问题是，如何在当今的经济环境下，把中粮集团当成一个整体的"机器"来运作，统一协调资源，抵御风险。解决这个问题的方法就是"EVA和分红"。用股权管理和分红的办法，把作为控股公司的中粮集团和每一个经营中心、业务单元在现金流上连接起来。如果没有建立股权和分红的架构，业务单元上市就是错误的。中粮集团和上市公司财务之间的联系只有两个途径：一是买卖股权，二是分红，没有别的途径。现在都是中粮集团给上市公司支持，包括借钱、合资等方式，反过来，上市公司并没有给中粮集团分红。我想到几年前在香港饮茶时看到的几句话："陪子来多，陪父来少，屋檐滴水，谁曾见过倒流。"意思是去茶馆饮茶，大都带着孩子去，很少有带父母的。中粮集团和业务单元之间就是这个局面，要钱的多，分红的少。在今天的经济环境下，集团发展到这个阶段，我们要重新反思并解决这个问题。

强调EVA，就是不能乱投资了。一个项目能否投资，要看投资回报率比集团平均回报率高还是低。这个投资回报率就是EVA，同时EVA增加了股东资金成本的概念。10亿元赚1亿元，20亿元赚1.5亿元，30亿元赚1.8亿元，哪个更好？是不是股东投的资本金越多越好？增加资本金会带来两个后果：一是摊薄上市公司的股权；二是增加股东资本金的风险因素。这个风险因素包括经济风险、政治风险、汇率风险、机会成本等。考虑到这些因素，必须加强内部经营效率，增强股东资本金的使用效率，100元钱赚10元钱，比200元钱赚15元钱好得多。

EVA的适用性

EVA的概念在目前的经济环境下非常适用，当然也不是永远适用。考虑EVA时也要同时兼顾业务的战略布局。例如，面粉部在北京建了个面包厂，运作一年还不错，准备在上海也建一个。但是EVA算下来会有下降，由很多因素造成，如第一年可能运作不行，第二年也不一定好，上海市场竞争可能比北京激烈等。这么一算，理论上这个投资可能不能投，但是不投，死守着北京的市场，中粮集团的面粉部就变不成中国最好、最大的面包公司，做不出最好的面包品牌，而且不会具有竞争优势，也许还会被竞争对手打倒。因此，长远来看，是否投资一项业务要同时考虑EVA和业务自身的战略布局。

在今天的经济环境下，EVA还是比较适用的。股东资本金的成本很高，股东的钱比银行还贵，为什么？根本原因就是股东资本金的风险更大，破产时先还银行，后还股东。这也要求我们在投融资的时候对回报率的概念有一个清晰的认识，尽量使用好杠杆，减少股东资金，因为股东资金是利息加上风险因素得来的，所要求的回报率永远高过银行利息，可以把股东资本金比例降低，银行贷款比例适当增加。

我总结了几句话:"少花钱、多办事;花了钱、有人找;股东钱、成本高;银行钱、有杠杆。"

2009年如何做预算

只要是中粮集团控股的企业,它的分红、股权变动的政策,必须由中粮集团负责。中粮集团财务部,每年应该有非常明确的中期、期末的分红政策和指示。这就要求每个经理人,必须在能够支付利息、工资和分红的情况之下来开展业务,不能只经营,不分红。2009年做预算,应该把EVA的概念着重加进来。

要考虑以下几点。第一,应该加入EVA的概念,并坚定信心。从行业特点、目前的财务基础来看,我认为中粮集团会非常平稳,而且能够继续找到一些发展机会来度过这次危机。第二,做预算时,应更深入地探索建立商业模式。实际上到今天为止,还有很多业务没有建立可遵循的商业模式,是比较跳跃式或者比较零散的商业模式。第三,再投资时,要充分考虑风险因素。讲完EVA的概念,我们对未来的发展、未来的投资都要谨慎。过去大家都有发展业务的意愿,这种心态是对的,但是今天这种心态要根据经济环境、财务状况、组织架构、公司面临的发展阶段稍微调整一下。现在应该真正把内部的工作做好,真正把内部的核心竞争力做出来,真正把内部的EVA基本理念、评价方法渗入我们的行动中去,再来评价我们未来的投资,逐步形成我们习惯性的思维,达不到股东资金回报率要求的业务就不能投资。每一个业务单元都力争做到这一点,2009年评价的时候,每个业务单元不但利润是增长的,EVA也是正向的,而且EVA每年还有增加值,这样中粮集团就很健康了,就可以抵御任何的金融风暴和市场风险了。

(2008年11月)

> 企业盈亏的好与坏，在企业发展的不同阶段、企业所处不同行业、企业不同的战略目标的背景下，都有不同的解释。

好与坏

什么企业是好企业，什么是坏企业，企业中，什么盈亏是好的，什么盈亏是坏的，过去这些道理容易说不清，也难以让亢奋的人们信服，今天回头看，基本的事情更清楚了。

谁都不想看到亏损的企业，可企业中有些亏损有时并不比盈利可怕，有一些亏损是在企业发展中必然会产生的，是企业战略进程中绕不过去的。当然，亏损越少越好，不亏损更好，但这样可能达不到企业发展的战略目标。好企业在转型中、新业务建立过程中，特别是初期的亏损，都是为未来的发展建立根基的。同样，对于企业在自身核心能力的建设中所产生的亏损也应有充分的理解，例如品牌、渠道建设的支出，新产品从研发到推出的支出，科技方面的投入，商业模式调整中的业务波动等，这时企业产生亏损并不可怕，只要企业在按规划不断地进步中。亏损通常都是不好的，特别是因企业经营决策不当、核心竞争力不强而长期产生的亏损。但有些亏损是必要的成本，是企业家在创造过程中的必经阶段，勇于面对、理解并使企业减少亏损，把企业带入良性的发展是管理者的责任。

相对于亏损，企业盈利就复杂得多。盈利很容易被认为都是好的，可有些盈利是坏的。不好的盈利很多，如过度投机性的盈利，财务报告中调整数字带来的盈利，通过大量的应收款、存货经营带来的盈利，没有现金流支持的盈利，仅仅是因为市场行情好而自己没有持续建立核心竞争力的盈利，企业没有长期的战略性投入而仅仅通过短期成本控制所产生的盈利，这些盈利都容易让人一时陶醉，而企业经不起长期竞争和市场变化的考验。

企业盈亏的好与坏，在企业发展的不同阶段、企业所处不同行业、企业不同的战略目标的背景下，都有不同的解释。在经营环境好、大家都相安无事的时候，盈利与亏损只是最后的一行数字，人们会很简单地用数字的大小来断定好坏。可大环境不好了，盈利开始波动了，这时人们就应该深入分析企业盈利亏损结构中的每一项了。

损益表中有多少是能持续的，有多少是不能持续的，有多少是市场环境变化引起的，有多少是经营决策或自身竞争能力不足而产生的？这些能引起我们更多的反思，更扎实地建立我们曾经相信过的基本能力吗？

（2008年12月）

> 如果我们有统一的品牌、统一的渠道，在食品原料加工和研发环节不断有技术上的突破，在物流贸易环节有更前沿的商业模式，那全产业链的食品企业模式就具备了很好的实现基础。

探索与思考

2008年，中粮集团业绩达到了历史最高水平。如果看大数的话，资产超1000亿元，营业收入也已超1000亿元，经营利润达到七八十亿元，创历史新高了。这确实是令人高兴的事，同时，我们的管理水平也在提升。

我们再往细分析就会发现盈利的持续性不够。虽然目前还不是很严重，但确实是一个应该改变的问题。在我们目前的盈利结构当中，真正能形成核心竞争力的、能够稳定增长的、在公司占比比较大的主要业务现在还没有。同时，几年来我们各个业务都是单兵作战。我曾在一家超市看到，在超市货架的一头，地上放着个纸箱，上面摆了四五瓶蜂蜜，一有人来，一个小姑娘就拿着小勺让人尝。小姑娘说这是中粮集团的产品，出口的，59元一瓶。走到现在这个局面，靠一个小姑娘孤军奋战，说明中粮集团目前在市场的竞争力还未形成，还没有在整体上形成有效的协同。当然，中粮集团在协同方面也有一些好现象，而且都是各单元自发进行的。但目前的协同还不是战略性的设计。

目前中粮集团产业链的组织是随意性的，而不是设计性的，没有来自内部的需求、方向，以及最终的核心竞争力。这样发展下去，初看可以，但发展到一定阶段，最终成不了一家有目的、有重要性、有骄傲感的公司。

我一直有一个观点，任何一个组织，应当有一个比较大的目标，使组织中每个人的生活、思维比较活跃，有向心力和凝聚力。一个基业长青的组织，总是有一个很大、很粗、很冒险（激进）的目标。

我认为，中粮集团目前到了要提出一个相对来讲更大、更宏伟的目标的时机了。这首先需要我们统一思想。统一思想的过程也是重新思考的过程，修正目标的过程也可以是一个否定的过程。如果我们决定去做了，这将是一个很重大的事情，对我们未来的影响会非常大。

中粮集团下一步怎么发展？一种考虑是，在国家粮食战略中扮演重要角色，与国家战略联合起来。但目前的情况是国家粮食紧平衡，要尽量保持粮食自给自足，粮食进出口只是补充性的。

另一种考虑是，能不能把大豆的供应链延伸到南美洲。我觉得从政治环境、商业可行性来看，贸然跑到巴西去买地是有问题的。如果把中粮集团定位为粮食类的全球性公司，那么，未来的贸易和服务范围就要涉及美洲、欧洲、非洲，可能性不是没有，但有难度和风险。我们也一直在想，如果市场发展有机会，我们是否可以在外面买个公司、买个研究所、买个品牌，然后拿回中国实现价值？甚至单纯在国外投资、销售？但是，综合中粮集团的团队和风险管理能力来看，我们觉得这样做有很大的风险。

后来我们考虑要做国内贸易，在进出口做好的基础上加大国内贸易，用国内贸易拉动中粮集团向前走。发现也不行。

中粮集团现在的粮食加工做得比较成功，事实上，贸易量也有很多是由加工带动的。那么，在现有架构下，加大对中粮集团所有粮食品种加工环节的投资，以加工来带动贸易行不行？中粮集团仅仅停留在一般的大流通和加工上肯定是不够的。

还得往前走，离市场更近。中粮集团可以做成一个全产业链的粮油食品公司，最终的"出口"是品牌消费品。这样，中粮集团就可以变成一家整体的公司。

打造"全产业链的粮油食品企业"

这个模式是一个从原料采购和发送一直到终端消费品的全产业链的过程，是 OTC（Origination to Consumption）的过程。其逻辑示意如下：无法全部到达终端的产品，我们在贸易环节、加工环节也有实现销售的"出口"。

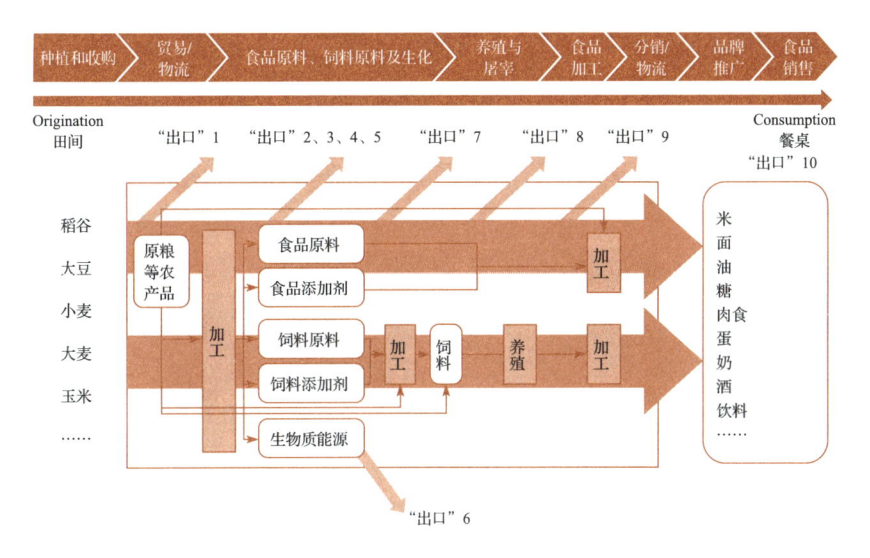

中粮集团目前各业务的特点、发展阶段和能力等各种因素，决定了我们从原料采购到终端消费品是不可能完全匹配的，也许客观条件决定我们最终也无法做到完全匹配，但是，只要做到 60% 以上的匹配就成功了，就能够成为一个全产业链的粮油食品企业。

希望最终的品牌食品的"口子"越来越大。现在中粮集团很多产品在初加工阶段就被卖掉了。希望未来更多产品在链条里走得更长，最终以品牌产品的形式出去。例如，大豆进来以小包装油出去，而尽量减少散油、毛油的"出口"；豆粕要作为饲料进入畜禽养殖，卖出的是肉制品；采购环节在买入玉米时，就要知道中粮集团的玉米会以肉制品的形式卖出去，而不是或者不全是以玉米本身的形式卖出去；菜籽、花生、小麦都可以这样去考虑。在产业链的最右端，继续把品牌、渠道、创新和研发等做好，右端就变成一个大"出口"，那应该是我们最强势的地方。

从产业链的角度看，终端的消费品如果分类的话，应该更多地做以米面（油、糖、肉等）为原料的品牌消费品。未来我们要以营养、健康的食品来实现价值最大化，最终完成全产业链的价值实现。

价值链前移。从战略上看，价值链的实现环节延伸到消费品上去，就是离市场更近，离客户更近。从过去20年世界主要农产品企业发展的大趋势来看，很多企业都是逐步把价值链从农产品延伸到了品牌消费品，通过价值链前移，创造了更大的价值。通用磨坊食品公司以前是家做面粉的企业，现在已经成为世界知名的品牌食品企业，旗下拥有100多个品牌，其中30多个品牌每年零售额超过1亿美元，包括哈根达斯、湾仔水饺。再如中粮集团的葡萄酒业务，虽然投资不大，但回报率高，主要来自品牌溢价。

产业链要打通。把品牌食品的"出口"做大、价值链前移是方向。未来资源和经营的重点会向品牌食品移动，但这并不等于放弃粮食。我们要做全产业链的粮油食品企业，要把产业链中间的环节打通。每个单元都要在产业链的相关环节上找到自己的位置，每个环节都不能出食品安全问题。

现在要做的是找到在"黑匣子"（指图中的方框内部）中的走法、关键连接点和路径。最终希望看到终端不停地有新产品出来，而且跟Origination部分相互支持，品牌好、质量好。如果以后有意地去匹配，就可以变成上下游结合的公司。

单个环节强，整体才会更强。未来中粮集团是整体的、有竞争力的公司，即便是食品原料，我们也必须要有很强的竞争性。嘉吉公司在产业链上只做到食品原料，但是，从嘉吉公司的年报摘要可以看到，它的食品原料到最后几乎都做到药品级，功能性非常强。

全产业链下资源配置的原则。在全产业链的模式下，中粮集团应该真正做成整体的一部机器，有意、主动地配置资源。而不是由各个业务板块和单元单独来报项目，到底在哪个环节配置资源，会根据全产业链的需要来论证，集团只负责审核。

全产业链的优势

我们提出从 Origination 到 Consumption，嘉吉公司年报中也有"From Farm to Consumer"，两者的道理是一样的：从田间到消费者，最终的"出口"在消费品。

消费品行业的特点是竞争，优势在于持续的成长性。全产业链以消费品为主要的"出口"，最大的好处是适应市场的要求，带来竞争力。在这种模式下，我们要在品牌推广、产品研发、渠道掌控等方面培养起很强的能力，形成很多面向消费者、更有市场竞争力的产品。一旦中粮集团的品牌地位建立起来了，就可以很稳定地持续发展下去。国际大公司都经过了这样的阶段。

一旦实现了这个模式，那么中粮集团就会在食品消费品市场建立起巨大的竞争优势，从品牌、创新能力、规模等各个方面形成针对竞争对手的门槛——别人能这样做的不多，但如果没有上下游的支持，别人就可以在任何一个环节上形成威胁。要让消费者、客户及竞争对手都能感受到中粮集团整个产业链的优势。除此之外，如果全产业链做好，还有可控度高、效率高、成本低、规模大、协同等优势。

做全产业链粮油食品企业的现实基础

目前，中粮集团已有的业务基础、企业形象、食品安全问题、"三农"政策、限制外资涌入、产业待整合、食品需求增长很快、消费升级（粮食不仅往蛋白质，而且往享受型食品转变），都是我们做出抉择的基础。

中粮集团的现有业务已经有一定的基础。如果我们是一个全产业链的公司，那么，肉食、养殖可以带动豆粕和玉米，食品添加剂可以带动玉米。小麦也会变成一条链——从小麦做到方便面，目前没有企业可以做，但是历史赋予了我们这样一个机会。研发、创新也会纳入整个产业链中。同时，链与链构成一个矩阵式的结构，从纵向看，集团层面有人管原料，有人管物流，有人管品牌，这样，种植经验、营销渠道、技术等都可以分享。那么整个公司的产业链组织就会是一盘整棋，是前后相关的一部机器，就会整体运作起来。

作为一个综合性的、有社会信誉的食品公司，消费者会给我们很大的支持，国家政策也会给我们很大的支持，同时，在产业整合上有很多机会。

2008年北京西单图书大厦畅销书排行榜，前三位都是关于养生健康的，由此可见大家对健康的重视。目前粮油食品行业企业数量非常多，2007年全国食品生产加工企业有45万家，食品安全令人担心。中粮集团的使命要求是"奉献营养健康的食品"，如果我们能够把产业链从粮食一直做到食品，从食品安全可追溯性方面看是一个机会。

全产业链食品企业最大的特点是信誉。前不久我在华润超市看到一个让我非常感慨的画面：有个妇女拿起东西看了半天，她在看是真的还是假的，好不容易买了，到了收银台，收银员又把钱反复地查看，看是不是假的。有不信钱的，有不信货的，反正相互都不信任，情况就这么严重。

当然，在食品市场我们会面临很多的竞争、很多的挑战。外资在食品市场还是很强的，但外资也有其弱点：目前主要集中在中国食品高端市场，原料主要依赖外部供应商，二线、三线市场开拓能力相对较弱，尤其在米、面、油、糖、肉等必需品方面，除益海嘉里金龙鱼粮油食品有限公司（主要在油脂）外，外资成气候的不多。

实际上，中粮集团是在创新商业模式。全产业链食品企业，根植在其强大供应链、大国企品牌及财务能力上，进入消费品领域，可能起到 Game-changing Innovations（颠覆性创新）的作用。如果我们有统一的品牌、统一的渠道，在食品原料加工和研发环节不断有技术上的突破，在物流贸易环节有更前沿的商业模式，那全产业链的食品企业模式就具备了很好的实现基础。

目标与愿景

如果我们真的按这个方向去做了，未来五年中粮集团会变成一个什么样的企业？

第一，在消费者层面上，中粮集团会变成中国最大、最好的食品公司，大面积覆盖中国的消费者，多品种提供营养健康的食品，"中粮"会变成一个家喻户晓的名字，引领新的生活方式和新的生活态度，是一个很有活力、很年轻的公司。

第二，在食品加工商、贸易商心目中，我们会是最好的粮食贸易及原料提供商。

第三，在农民心目中，我们会是一个很好的粮食收购企业，可以为农民种植提供很多财务、技术上的支持。

第四，在国家的心目中，我们有很强的社会责任感，能够保障国家的粮食安全和食品安全。

我们将逐渐建立起这样一个值得信任的形象。

（2009 年 1 月）

如果一家企业现在的成绩不是来自历史的继承、行业机遇或者短期的热情,而是来自企业中团队的深厚的方法和修养,以及由此形成的经营智慧和管理方法,特别是不断完善的组织和业务的创造力,那么这个企业就是真正的好企业。这是需要我们大家一起努力的。

申论题

前段时间我给同事出了一道申论题,大致就是想让大家用辩证的时空观和精神物质观来简要分析中粮集团的历史、现在和未来。在看了大家的答卷后,感觉绝大多数的文章几乎没有触及我期望中的内容。大家的文章大都在描述中粮集团的发展过程和对未来的期望,几乎所有的文章都充满了情感和努力奋斗的决心。在大家的文章中,我充分感受到了团队对中粮集团发展的憧憬和思想上的统一,但是,我期望大家的论点和分析能更深入一步,能有些理论性、系统性。

为什么大家的回答与我的想象有距离呢?我想这可能一是题目本身出的有问题,问得不清楚,问得有误导,大家的思路没有朝我以为的方向去想;二是大家的理解有问题,大家习惯了我们每天都在说的事情,在短时间内没有把它放在一个相对理论的框架下去论述。

这个题目我最初的用意有三方面。

一是方法论。题目中所说的历史观,也就是时间观、空间观,还有精神和物质的关系有一些哲学方法论的用意在其中,我期望大家能在中粮集团的历史中找到方法，找到规律，找到思维的骨架。做了一件事情，无论成败，找到可以指导未来的方法最重要。如果中粮集团在经历了半个多世纪的发展后还在健康成长，我们应该能在其中抽象出一些思维的方法。如时间观，它的特点是把自我、公司、行业放到历史长河中去看，去顺应变化、引领变化，有很长远的眼光和对未来趋势的判断，有长远的决心，有建立百年老店的毅力和对未来成就的信心。这也是为什么中粮集团的前辈们在多年前就开始培育新的业务。空间观就是要看得广阔，不仅要看到自身，还要看到别人，不仅要看到本行业，还要看到相关行业，不仅要看到国内，还要看到国际。能把自己放在大系统中去认识，看到大环境的变化，能敏感地认识我们的生存环境是一件不容易的事情。精神和物质是世界观，也可以看成是方法论的一种，我主要想问大家中粮集团这个企业组织的进步和变化。从历史看过来，中粮集团在业务发展的同时，企业中精神层面的东西一定也在发生着变化，这些变化是历史和大环境的结果，无所谓黑白分明的对错，但它在很大程度上影响了组织的成长。一个企业物质、业务的层面发展好的时候，也往往是企业组织内部精神追求较一致的时候。作为一个经理人，应该能看到精神和物质两方面的相互作用，在看到企业发展的同时，不忽视团队的信仰和追求。

　　二是分析。从实践中得来的方法论和思维方式，有时是事前就有意应用得到验证的，有时是事后反思总结出来的，如果它成为我们的思维习惯，就会使我们有积累、有进步。用这些方法来分析我们面对的问题，就使我们的思维有逻辑、有结构性，就使我们站得高了。如果我们用以上的方法来分析自身，再一次放到时空观、精神物质观下来看我们自己，我们就变得很渺小、很谦卑了，我们的任务很重，也很明了具体。我们在某种程度上继承和重复着前辈的转型探索，学习着世界上优秀公司的开拓创新。这样的分析可以放在整个集团层面，也可以放在局部业务和行业层面，而这个有方法的结构性分析态度，应变、前瞻、探索和创造的态度是经理人的基本素质，是应该不断优化、长期持续的，这也是学习型组织的核心要素。

三是修养和潜力。题目是一个很虚无，也漫无边际的题目，其实它没有答案，只是一种思维方法的感觉。我知道大家对自己的业务都很熟悉，可以说是行内的专家，但我希望把大家的思维再展开一些。这个题目如果能在思维的方法和系统上对大家有些触动，我觉得就是好的效果了。我希望大家的知识、修养能更深厚一些，无论是对一个人还是对一个组织，思维方式的深度和宽广会形成它长久的动力，我们今天的虚无和论道可能不会立即反映在当期的损益表上，但它一定会提升我们整体的对大势的把握能力、组织的持久自我完善能力，提升组织不同层面的持续的创造力。我们用了很多方法来评价、选拔经理人，可有一样素质很难测评，那就是经理人的潜力。一个经理人一旦到了更重要的位子上，面对新的环境，他的潜力有多大，能有多少创造和发挥，这在一定程度上取决于他的修养的深厚。当然，修养有很多方面，但在思维方法上的系统性，能把握大环境，有方法论，有学习，有分析和解决复杂问题的能力与修养是经理人发展潜力的基本条件。如果一家企业现在的成绩不是来自历史的继承、行业机遇或者短期的热情，而是来自企业中团队的深厚的方法和修养，以及由此形成的经营智慧和管理方法，特别是不断完善的组织和业务的创造力，那么这个企业就是真正的好企业。这是需要我们大家一起努力的。

附：申论题

一个组织之所以创新和发展的能力不够，是因为它的成员在思维方式上僵化了。僵化的思维方式的特点是对现状的认可和满足，失去了探索的勇气，眼光不够远，眼界不够宽，对环境的变化觉察不到，更不能积极应对。

主动开阔的思维方式，要求有对历史、现在和未来的深刻认知（时间），要求有对自身、局部和宏观世界的认知（空间），同时也要求有对组织本身有形、无形状态的认知（精神和物质）。只有在这三点上不断地、积极地反思自身，这个组织才能保持警觉和热情来不断创新、进步。

三十年改革开放，发生了翻天覆地的变化，在造就这些成绩的思维方式上，用唯物辩证法来面对时间、空间、精神和物质的变化是思想的基础。

半个多世纪，几代人的努力，中粮走到了今天，可谓风风雨雨。你能用辩证的时空观和精神物质观来简要分析一下中粮的历史、现在和未来吗？

（2009年7月）

> 一个真正的国企，一定是一个先为社会着想、先为员工着想、不断创造价值的企业，最终它才是一个好企业。

安全环保提升战略高度

过去我们把安全环保工作当成一件不用说的事，觉得就应该这样做，因为国家有要求，但是没有非常全面地、系统地对安全环保工作进行深入的思考，并且上升到足够的高度。有人问，为什么中粮集团过去没有在食品安全上出现很大的问题？第一，中粮集团是一个国有企业，不会出现造假、急功近利、完全不顾社会责任的行为；第二，中粮集团有一个很好的系统，虽然整体的系统还不够完善，但都有责任感，也是这份责任感让中粮集团到今天为止未出现安全环保方面的重大问题，没有出现致命的问题。

真正杰出的企业应该是具有国际水准的企业、是可持续发展的企业。中粮集团要成为一个高尚的企业，一个打动人心的企业，一个为社会带来引导作用的企业，一个让消费者信任的企业，一个代表社会先进力量的企业，我们要不断提升自己，从而带动整个社会食品消费质量的提高。

以安全环保的方式把好产品提供给消费者

一个真正的国企，一定是一个先为社会着想、先为员工着想、不断创造价值的企业，最终它才是一个好企业。这跟做人是一样的，越是觉得自己不错、能占点小便宜的企业一定占不到便宜。有一个超市里面开过烤鸡的专卖店，生意非常好、总是排队，后来超市觉得老排队太慢，就把鸡在工厂里烤好以后拿来卖，以加快速度，但是令人吃惊的是，两个星期之后，再没有人来买烤鸡了。为什么呢？因为烤鸡的口味不一样。企业若想在产品上偷懒，客户就不会认可你，自己想省力，往往自己要承担这样做造成的后果。

今天，社会对中粮的信任感超出了我的预期，很多领导产品的销售量证明了大众对中粮产品的信任。假设产品在成分含量上不会骗人，很多企业拿这个假设不当回事。真正的好企业不单单要让产品吃了不闹肚子，还应该能推动营养、推动健康、推动环境的改善，同时推动社会食品消费质量的提高，这样，才是一个能够引领社会进步的积极分子。真正好的企业自身在经历了战略、业绩、规模追求以后，一定会将最好的产品，以最安全的方式、最环保的方式提供给客户。

通用磨坊在做产品时，要满足安全、美味、营养三个特点才可以上市。一种不安全的食品没有人敢吃，安全但不好吃，也是没有人吃的，作为食品既要安全，又要功能好，还要有好口味，往往很多企业只是在这三条中做到了其中一条。

"自然之源"是中粮集团整个业务的根源。过去啤酒、可口可乐都是在水资源上搞研发、投资，有很多项目来保护水源，水源不好就会影响产品的质量。为保证水的安全，在生产之前先把周围的水源调查一遍。中粮集团会主动倡导保护环境，是一家有社会责任感、考虑公众利益的企业。嘉吉公司的业务很广泛，涉及不同领域，现在也在推广资源循环利用，这个事情虽然很小，但是通过循环利用，可以看出它一定是一家责任感非常强、内心非常高尚、非常有大爱精神的企业。

安全环保体现集团管理水平的提升

食品安全、生产安全、环境保护，不单单是给企业提了一个要求、纪律和规则，安全环保不是一个被迫的、不能不做的、社会给企业压力的行为，而应该是能够提升企业整体管理水平，与企业的使命、原则非常吻合的行动。食品真正的营养、健康、安全是基于中粮集团基本的生产经营，是中粮集团追求的高尚目标，是提升企业素质、提升经理人素质、提高企业目标追求的一个阶段。

安全环保是一个值得企业去正视和重视的事情，是最基本的一件事情。小的食品安全事件中粮集团出现过，安全生产方面也发生过事故，仔细分析后，中粮集团发现自己责任不大，就没有引起足够的重视。有一个报道说调味酱长毛，消费者就把调味酱退回来了，然后分析说消费者多事，不应该登报。这件事如果证实是真的，必须要深刻反思。一个是企业理念不行，一个是企业在技术管理上存在缺陷。如果企业卖一瓶调味酱都可以卖出劣质货，那么这家企业做不好任何事情，这是一个非常严重的问题。造成这个结果的原因可能是调味酱的销量不好，可能是库存存货多，可能是想通过网络卖出去，最后一定是骗了自己、骗了别人。是小聪明、大糊涂，是责任心不够。中粮集团不能出现这样的事，一旦出现了，就应该公开道歉，给予赔偿，否则，几十亿元的广告、几百亿元的投资，全都没有意义了。退一步讲，连食品安全都保证不了，还承担什么社会责任？消费者碰到一次调味酱长毛的情况，就再也不会买这个品牌的任何产品了。其实，食品企业可以在食堂设一个专区，每月一次，找员工或家属试吃产品，不要用厂家送过来的产品，要去超市买，鼓励大家提建议、找问题。找问题是企业自信的表现，不要总是说自己好，客户说好才是好，不要弄到最后，客户吃出问题了才来解决。

安全环保全员参与

安全环保工作是全员的事。每个产品都是一层一层做下来的，某个环节出现问题，就会导致最终产品出问题。全产业链要有一个整体的责任感，因为不管是哪个产品出问题，对中粮品牌都会有影响，都会影响整个中粮的形象，影响是互相连带的。安全环保的每一个环节都非常重要。安全环保要提升到战略高度上来，领导要重视，全员要重视；另外是要落实到每一个环节，全员负责，从一把手抓起，从心底、从思路上、从行动上重视，把每一个连接点做好，这样组织系统才能够有效。

中粮集团有专门的部门负责安全环保管理，每一个业务板块有不同层级的人负责，每一个环节走下来，从组织架构、人员设置，每一个步骤、流程，到每一个员工，最终到产品，不管是饲料、还是食品，最终的责任心、严格性、可追溯性都要做好，要做到追溯到源头，实行从源头到全过程的控制。

食品安全、生产安全、节能减排，是提升整个企业管理水平的动力，是基础和保障，做好这方面的工作才可以做到很多企业现在做不到的事情，将来企业才能走得更好、更远。

（2010 年 7 月）

> 把一种商品的供需变量和相互关系弄清楚了，就是把这个行业的商业模型实质弄清楚了，再把它数字化、公式化、电子化并不断修正其偏差，那么你在方法上和工具上就都领先于别人了。

水晶球

能预计未来商品的价格是所有商人梦寐以求的事情，世界的美妙诱惑和无奈就在于这件事一般人做不到。所以每个人都梦想自己有一个可以看透世界奥秘的水晶球。经济学的大师们也不停地研究价格理论，从亚当·斯密的看不见的手到大卫·李嘉图的比较成本论，从马克思的剩余价值及价值与价格的背离统一，到马歇尔的均衡价格论，再到米尔顿·弗里德曼的芝加哥学派的价格理论，市场经济的全部内容几乎都可以用价格来说明。大师们的这些理论可谓博大精深，但是今天人们用它们来判断商品价格则略显不足，这不仅是因为大师们的理论从一开始就不是为了小商人赚钱用的，也是因为快速变化的世界中影响价格形成的变量更多更复杂了。

过去人们说供求决定价格，今天简单这样说就不够用了。因为除去生产消费的直接供求外，要预测一种商品的价格走势，一要考虑宏观经济形势，二要看货币金融政策，三要看投资炒买，四要看资金成本，五要看生产要素成本，六要看税收政策，七要看产业政策，八要看资源限制，九要看贸易政策，十要看汇率走势，十一要看政府支出和干预，十二要看心理预期，十三要看自然环境气候影响，十四要看竞争垄断格局，十五要看文化传统，十六要看消费引导，十七要看科技进步，十八要看品牌价值，十九要看信息传递速度，二十要看时间差，二十一要看地区差，二十二要看流通渠道，二十三要看物流服务，二十四要看库存变化，二十五要看质量标准，二十六要看媒体导向，二十七要看不同商品之间的交叉影响，二十八要看新兴市场国家的供需超常变化，二十九要看一些不断产生和变化的情况等。

虽然还是供需平衡决定价格，但是等式两边的因素复杂了很多。这些因素作用在一起，让人们看到了许多有趣又费解的现象。

过去以为回答价格问题的应该是经济学家，可现在能有方法预测价格的人是数学家，数学在商品和金融品上的应用使人脑能更系统地理解价格形成的原理。数学家把影响价格形成的变量一一罗列了，把它们之间的函数关系一一建立了，把它们过往的相互作用一一验证了，把不断变换的变量及时调整增减了，把抽象逻辑的推理与现实密切地结合了，商品的价格模型就建立了，"水晶球"就有了。虽然这个"水晶球"不是万能的，但有一家叫 Renaissance Medallion 的对冲基金，发起人是著名数学家，高层决策人是数学家，用多年研发不断修正的数学价格模型投资，二十年来，有十九年取得 20% 以上的回报，业绩好过巴菲特、索罗斯。想把钱交给他们来管理，他们要收比一般基金公司高几倍的管理费和盈利分成。大家都想知道这个模型是怎样的，可他们怎么能告诉外人呢？

数学家能建立价格模型不是因为他们擅长算数，而是因为他们应用了数学思想中的逻辑系统，这个方法把价格形成的因素综合了，填补了人脑在经验系统中工作时的思维容易片面和中断的毛病。把一种商品的供需变量和相互关系弄清楚了，就是把这个行业的商业模型实质弄清楚了，再把它数字化、公式化、电子化并不断修正其偏差，那么你在方法上和工具上就都领先于别人了。虽然价格数学模型也不是万能的，有不少失败的，可是如果我们沿着这个思路想一想，你就会有个"水晶球"在脑子里逐渐形成。

（2011 年 2 月）

> 只有当企业与客户、社会的关系是出自对人和环境的尊重及大爱时，客户观才会真正持久，企业才会成为内部有向心力、有理想目标、有感召力，外部有吸引力和亲和力的让人喜欢的组织。这时企业的成功不仅是经营上的，也是精神上的。

价值观

看一个人，开始可能看相貌，看谈吐，看是不是很机灵，等时间长了，人们再评价他时，可能要看人品、态度和修养了。给一个人打分是个综合分，最后人们会形成一个是不是喜欢你，是不是相信你，是不是依靠你的印象。看一家公司，也和看人一样，开始也会看到公司的一些外在的东西，大楼多高，工厂多大，资产多少。时间长了就不是这样了，人们要从公司的产品看到公司的人，看到公司处理事情的态度和风格。市场营销学里有句话说，消费者会更多地从他喜欢的公司买东西。如果企业真的想在市场上有竞争力，除了产品和营销以外，还要让人感受到它的脾性，还得让人喜欢。

一家公司能不能做到很友善、很负责任、很讲道理，这件事不是广告、公关和任何有意的沟通手段可以装扮出来的，它是公司的价值观和信仰所催生出来的一种精神面貌，是公司成员自然行为的总和。公司成功的方式有很多种，有战略取胜，有技术取胜，有成本取胜，公司的这些成功都在某个阶段上发展了公司，但在现象背后，能使公司可以持续面对不同挑战、不断有跨越进步的，是公司存在的价值观和哲学理念，是公司这个组织自身的定位和它与社会不同群体需求的关系。这种定位正确了，人们就会很愿意与你打交道，你就会有不断增加的客户。

客户是什么？公司管理的理论和实践也走过了不同阶段，从定位客户、向客户销售，到服务客户、附加值、战略合作，再到为客户创造价值、与客户一起成长，客户的范围也从仅仅是有买卖关系的对象不断扩大为所有与公司有关的人，可以影响到公司的人。这些变化首先是市场竞争的现实所致，不真正关注并服务客户的人在市场上不能成功。企业自身的商业模式定位和自我价值观定位都在新的市场变化和生存环境下不断修正，大方向是越来越为客户着想了，谁先想到一个可以让客户更喜欢的方法和产品谁就会在市场上取胜。

但仅仅是有直接功利目的的客户观好像也不能持久，这也类似于一个人与周围人的交往，完全是交换利用的关系也不能持久。对客户的认识和态度的进步也是企业内部管理理念和水准的进步，企业的修炼和一个人的不断修炼、成熟是一样的。能把企业的战略布局、产业定位融入企业的价值观定位中吗？企业想在这个社会中扮演的角色，自身想在社会中所起的作用，与企业成员的价值诉求是一致的吗？只有当企业与客户、社会的关系是出自对人和环境的尊重及大爱时，客户观才会真正持久，企业才会成为内部有向心力、有理想目标、有感召力，外部有吸引力和亲和力的让人喜欢的组织。这时企业的成功不仅是经营上的，也是精神上的。

（2011年4月）

> 中粮集团要越来越市场化，只有离客户越近，离市场越近，离消费者感受越近，离成功就越近。

走向市场，面向成功

中国食品团队经过多年的努力，取得了今天的规模，得到了社会很高的评价及集团内部很好的认可，但是，从品牌消费品公司来讲，发展速度和市场地位还不够。

在团队调整的过程中，要用懂市场、懂专业的人。今天的团队给了新领导人相当大的包容、支持和容忍，新队伍进来，有了新的方向，证明了初步的成功，度过了集团最担心的阶段，是一个很好的开始，但是要把公司的专业性建立起来，所有人在新的思维方式下统一起来，还有很长的路要走。建立团队是企业进步的基础，每个人的分工也许会有一些变化，但总体有三个原则，第一处以公心，第二与人为善，第三有大目标。

中粮集团的上游非常强，目前，新消费品研发中心正在投入，整个供应链过程在加强，但它必须是一个有机体，其中中国食品最重要，中国食品活，中粮集团全盘皆活。

中粮集团在上游布局投资加大，但生产规模上来了，生产的东西怎么卖？只有调研市场，规划布局，用专业精神、市场化人才，才能比别人做得更好。中粮集团要越来越市场化，只有离客户越近，离市场越近，离消费者感受越近，离成功就越近。在目前的粮油食品格局下，集团下一步往前走，没有别的选择，就是彻底地走向市场、走向客户，成为一个市场化的公司。

要做成大营销平台还有很多工作要做，团队要有足够多的智慧，还要有科学的方法。506（506是中粮集团在香港上市公司"中国食品"的股票代码）要往前走，有两个标准：一是团队适应；二是团队赞成。首先，团队要有统一的目标，团队的目标一致了，各种模式的公司都有成功的可能；其次，要考虑中粮集团未来长期的发展，中粮集团未来还需要形成很强的区域能力。要恢复中粮集团1987年之前在全中国的局面，希望未来在中国的31个省市，只要一提到米、面、油等每一个家庭都需要的产品时，国人想到的、提到的都是中粮！

　　中国食品未来不管是以区域还是以产品线为驱动力，方向非常重要，具体采取什么步骤、怎么做、何时做，要靠大家研讨，要清楚收益、风险、步骤、投入等，最终目标要做到全国"插遍中粮旗"！

（2011年7月）

从预算、历史、市场三个维度评价业务，形成对业务的综合评价。

在考核中导入标杆管理

过去中粮集团对业务的考核注重跟历史和预算比，今后在考核中要彻底导入 Benchmarking（标杆管理），把市场的、专业的指标导入中粮集团的系统中。过去做战略的时候，各单位还会主动去找标杆，去对标，现在很多单位不做了，绕开了。但是，我们还是要比，要知耻而后勇。

标杆管理，第一是选准标杆，第二是收集标杆资料。这件事做起来很难，但是如果能下功夫弄准了，所谓吵架的预算、历史的波动等问题就不存在了。要真正地深入业务、了解业务，了解主要竞争对手，把标杆企业和竞争对手的资料做细，这样才能更好地评价业务。

我们的考核会不断有新的东西加入进来，哪些元素和指标能够纳入进来，要体现集团的战略意志。

跟标杆对比的实质是按市场标准评价业务

跟标杆比是最有说服力的，不管是成本还是毛利。与标杆比，会避免很多的不一致和争吵，很多事情会变得不言而喻。任何道理都不如这个有说服力。自己说自己的毛利有多少，说明不了问题，信息也不对称。自己跟自己比，自己给自己上枷锁，总会有问题。

有时集团内部会争论数据的客观性、准确性，这是正常的。跟标杆比也会吵架，那是因为没有把数据说清楚。如果数据在那里摆着，不认可就没意思了。

跟标杆比，不是要跟业务部门作对，是要让大家认识到问题的存在，激发大家向好的方向走，搞对立不符合集团的文化。目前，各经营单位都在致力于提升核心能力，不是简单地说我努力了就行的，得有方法、有结果。没有结果的过程往往是错误的。集团的评价系统不是对立的，是讲道理的，是柔性的，是要把团队的潜能激发出来的。

要逐步建立外部标杆和市场的数据系统。集团要有两个库，一个是我们自己的数据库，内部的；一个是标杆和对手的数据库，外部的。跟标杆和对手比，不仅要看结果，还要关注标杆企业的过程指标，关注竞争对手的策略。要认清每项业务的问题所在，不能因为集团这面大旗而忽视对每项业务的关注。每项业务要找到标杆，找到相应的指标，然后每时每刻地跟踪它们。

当然这是一个系统，不是一天建起来的。可以派人到标杆企业或竞争对手那里做调研。可口可乐和百事可乐是对手，但它们之间是交换数据的。行业协会、投行里也都有专业的研究人员。他们应该和投行建立联系，看它们的分析报告，它们对于主要的公司都出具分析报告。虽然它们是从投资的角度看业务，集团是从管理的角度看业务，但是投行的分析报告依然很有参考价值。

标杆，也可以叫作市场。跟标杆比，就是按照市场标准来评价业务。有些业务可能没有明确的标杆，比如中粮粮油，但也不是不可以和市场比。集团可以根据玉米、小麦市场的状况，要求其占有多大的市场份额。饲料业务也一样，目前其规模还不大，直接和市场上的大企业比不合适，那就可以和单个的饲料厂比、和市场比，看市场增长了多少，看行业的成本效率。明确了这些大的指标，小指标就容易处理了。

从预算、历史、市场三个维度评价业务，形成对业务的综合评价。实际上，预算还是以市场和历史为基础，以标杆和对手为目标，以赢得竞争为目的，是市场化的。做预算的过程，不仅是在做预算，也是在制定市场经营策略。有的单位是财务部门做预算。财务部门怎么做预算？这样的预算只是为了做汇报，为了给人看。预算必须做成对业务进行思考和制订工作计划的过程，这样的预算才有用。预算应该是一个思考的过程。

考核业务，指标及权重要个性化

集团要从三个层面对业务进行考核，第一层是中粮集团；第二层是中心；第三层是单元。三个层级的考核有关联，集团考核的结果会影响到中心，中心考核的结果会影响到单元。考核上市公司，一定是先看市值，再看派息，然后看资本市场的评价，最后再看盈利、运营指标等。应该给这些上市公司打分，市值的权重要占到40%～50%以上。目前，集团与上市公司的关系，一是股价，二是分红。现在集团对上市公司的管理不够，在集团整体上市之前，必须把几个上市公司管理好。这样，股东对集团的评价，集团对上市公司的评价，上市公司对单元的评价就分开了。

跟历史、预算、标杆比，三个维度的权重，应根据业务的具体情况个性化设置。

比如对小包装油，要重点关注三个方面：一是市场份额，必须不断接近标杆，不断增长；二是销售成本不能比对手高；三是品牌带动的售价不能比对手低5%。有了这三个指标，结价就不是问题了。集团的酒和油都在提升毛利，因此考核的不是一般的市场份额，而是在高端市场的份额。这也存在着个性化设置指标和权重的问题。

（2011年8月）

> 真正由创造性和技术推动产生的企业不多，可这正是企业家的核心责任所在，没有这些真正的创造，即使企业现在有不错的盈利，企业家的精神也不会闪耀光辉。

崇拜持续发展的好企业

今天，在北京的寒冬来临之际，也是世界经济的严寒之时，中国企业界的朋友们聚在这里别有一番意义。寒冬使我们更清醒，清醒之后是反思。

2008年美国次贷危机之后，在一片救市的呼声中，我们看到唯一的反思还只限于对华尔街的批评，而没有对货币与经济的关系重新重视，还在用借更多债、发更多货币的方法解决因债务过多而带来的问题。结果是经济没有恢复，失业率依然高企，在这之后，又来了一场占领华尔街的运动。再看欧洲，今天也深陷危机。我们人类的惯性思维能力是很强的，反思和变革的能力是很弱的，但这一次，是重新审视货币金融政策与现实世界经济关系的时候了。我们不能总是让那些努力工作的好企业、好实业深受危机的影响。

对中国企业来说，反思要来得更深刻。今天大会的主题是制度进化与市场尊严。它的含义其实是：制度与市场没有得到很好的尊重，企业没有得到很好的尊重，企业家精神没有得到很好的尊重，企业家精神没能发扬光大。

虽然呼吁很多年了，可环境并没有很大的改变。中国企业界一直在不断呼吁要改革、要自主，但往往是被改革的时候多，很多时候不能主动改变经营环境。为什么中国企业界没有得到足够的尊重？为什么中国企业界有时出现负面形象？这当然有中国历史的、文化的、政治的、经济的不同背景因素，但还有重要的一点，我认为是中国企业的核心创造力不够，真正能用创造力改变行业、改变世界、改变人民生活的企业不多。

这是中国企业界还显得分量不足的主要原因。我们有很好的低成本的企业，有发展迅速的地产企业，也有很好的资源性企业。但是，真正由创造性和技术推动产生的企业不多，可这正是企业家的核心责任所在，没有这些真正的创造，即使企业现在有不错的盈利，企业家的精神也不会闪耀光辉。

思考中粮集团，从经营粮食的企业，到进出口贸易企业，又延伸发展为品牌食品企业，这一步步的转变，除了基本的供应功能和安全功能之外，能给国人带来更多福祉吗？中国人的身高、寿命、疾病、活力，与食品有多少相关？"十二五"规划要把13亿人的平均寿命由73岁提高到74.5岁，如何从营养健康方面提高？中粮集团营养健康研究院有40多位博士进行研究，研究中国人的膳食、区域、习惯、身高、寿命、疾病与食物的关系，寻找能提高健康水平的食品，可能短期没有盈利，但中粮集团经过这条路会成为有技术，有研发，有生命科学、营养科学支撑的粮油食品企业。

反思过去，我们必须谨慎：谨慎低价竞争，谨慎跟随别人，谨慎投机，谨慎滥用资源，谨慎追求规模，谨慎地产，谨慎金融，特别是衍生品。我们应该崇拜技术，崇拜创新，崇拜研发，崇拜产业，崇拜品牌，崇拜好产品，崇拜由技术和产品推动的持续发展的好企业。

（2011年12月）

> 不论什么系统，公正是首要的，公正的评价体系产生巨大的动力，这与企业里的评价系统是一个道理。

逛书店

  那天在书店门口，见到寒风中一位母亲领着一个七八岁的女孩，女孩手里捧着几本刚买的书，一脸兴奋。母亲一边用手抹孩子额上的汗，一边盯着女孩红扑扑的脸问："这回满意了吧？"女孩大声地说："满意了，满意了！妈妈！"看了这情景我想，哎呀，现在还有这么喜欢书的孩子，书店对人影响太大了，我可能应该写写书店的事。

  书店其实代表了一个国家的文化水平，有点像超市代表了一个国家的生活水平一样。而且书店和超市的水平是与社会发展同步的，你可以很快修一条公路，盖一座大楼，但你不能很快地开出一家高水平的书店，因为书店里的内容是要积淀的。写书的水平，卖书的氛围，读书的状态，其实是社会内在的反映。

  社会上有什么，书店里也会有什么，比如现在社会上炒股票的人多，书店里教人如何炒股票的书也就多，这是中国现阶段投资群体和投资方式的反映。现在发达国家教人炒股票的书就少了，围在这类书柜台前面的人也少了，美国次贷危机前电视上还常有人卖教你如何炒卖房地产的课程录像，现在也没了，因为后来大家都知道上当了。如果那个教你炒楼炒股的人说的话灵验的话，他也就不用卖书赚钱了。现在我们这类书还多，说明大家还信。

  有人看书为了赚钱，有人为了娱乐，有人为了学习和丰富，这些不同也构成了今日书店的分类。比如现在书店里考试的书多，不管小学、中学、大学、研究生、公务员，还是会计师、律师各种专业考试，备考材料很多。考试是中国的发明也是传统，是很多年轻人改变命运的希望。我觉得考试是中国极好的一件事，是社会核心文化的一个元素。也因为大家相信考试制度是公正的、可信赖的，这才买书学习努力准备。中国这些年的许多发展得益于考试制度，看来不论什么系统，公正是首要的，公正的评价体系产生巨大的动力，这与企业里的评价系统是一个道理。

其实看书的目的是即时实用，还是技能研究，还是思想修养，含义还是很不同的。一个社会各种需求的人群都该有，但只把读书学习当成敲门砖应付眼前的需要，社会的思想厚度就不够了，就没有大学问家了。这也是社会群体价值观在利益环境下的不同追求。中国书店里的书有个特点就是重复出版的多，翻译的多，经过多年磨炼调研写的书不多。看来真下功夫创新是个社会文化问题。

书店虽然也是商店，但这个商店不同。过去的书店都是文人开的，作者、读者是可以坐下喝茶聊天的朋友。今天的书店虽然很商品化了，但街道上书店里飘出的书香和人们脸上露出的读书的快乐还是让书店充满了亲切感和吸引力。虽然今天网上书店盛行，美国的书店集团 Barnes & Noble 已让亚马逊逼得破产保护了，世界在变谁也阻挡不了，但在书店里读书的感觉对一个人来说是惬意宝贵的，不应该消失遗忘掉。

（2012 年 4 月）

> 市值是集团资产价值的重要体现，也是上市公司最重要的数字，它能反映出公司的真实价值，也就是股东价值。

市值管理

近两年来，中国粮油的股价从最高时的近12港元跌到最低时的3港元多，虽然有市场整体下跌的因素，但是，其股价跌幅远大于股指和主要竞争对手股价下跌的幅度。中粮集团突然之间蒸发了一两百亿元的市值，这表明肯定是哪里有问题或者是什么事情做错了。

从中粮集团的股权架构来说，市值是集团资产价值的重要体现，也是上市公司最重要的数字，它能反映出公司的真实价值，也就是股东价值。香港资本市场是比较公正的市场，是以价值创造和价值分析为基本依据的市场，这种资本市场往往能够培养出好公司，因为市场会给予好公司较高的股价，较高的股价又会给公司股东带来更高的回报，有助于公司对管理团队实施期权激励，使公司具备更高的资本市场融资效率，从而具备更大的发展潜力。

把市值管理作为提升管理的起点

中国粮油要充分发挥管理提升的作用，不只是把市值管理作为市场评价的反馈，更要把市值管理作为管理提升的起点，把市值提升作为业绩提升的目标和驱动力，这样中国粮油的价值就一定会逐步被市场所认可，股价也会逐步提升。一个公司的股价从短期表现来看也许会有异常，但从长远角度来讲是一定反映其真实价值的。

因此，市值对公司的整体发展、债务比例、团队激励、小股东投资决策都非常重要。长江实业每年都用几十亿元来买卖本公司的股票，作为长线投资可以增值，作为短线投资可以盈利。中粮集团财务部如果能够基于旗下上市公司股价的波动来动态调整持股比例，应该也会盈利。但如果现在集团持有中国粮油更多的股票，则集团从银行贷款的难度就会加大了，因为股价跌了。相反，如果现在中国粮油的股价表现良好，则集团从银行贷款就比较容易，因为旗下上市公司的市值反映了集团潜在的资金实力。当年，华润也曾大量从银行借款，银行仍然很愿意贷给它，就是因为华润旗下上市公司的市值非常大，虽然这些市值在华润财务报表上得不到体现，但银行会把这些市值看作是华润整体价值的重要组成部分，在贷款时作为重要的参考因素。

市值取决于公司的盈利和前景

上市公司的市值表现主要由盈利和前景这两大因素决定。其中，盈利主要取决于经营效率、可持续性、产品力，以及在品牌、技术、渠道等方面体现的核心能力等，但盈利并不仅仅是影响市值的全部因素，就像去年中国粮油虽然盈利但股票也没升，蒙牛今年年初盈利不错但股票却下跌一样，现在从资本市场反映到市值上不仅要求盈利还要有前景，也就是要有远期战略、布局规划，要符合行业大趋势。

正确认识并平衡好当前盈利和发展前景的关系

中粮大米业务的发展前景很好，但对其当前盈利的理解有分歧。现在集团内部对大米的发展战略有质疑，认为工厂应该做好一个再做下一个，但当时集团选择同意大米做 10 个厂，就知道这 10 个厂不可能马上盈利，这是培育品牌、培育业务的过程。从前景上看，大米部如果是销售一千万吨商品米的企业，就能成为中国第一的大米企业，也就是中国人消费的商品米五分之一都来自中粮集团，这是一个非常有前景的商业模式。如果要求大米部现在就盈利，可以把规模缩小，提供各种补贴，加大广告投放，也许短期内会盈利，但那就会把整个系统搞乱，把整个团队搞乱，因为摸不清方向了。大米业务现在既不能亏损太大，还要继续提升市场份额，这就需要很强的经营管理能力才能平衡好盈利与前景的关系。

小麦加工事业部与大米部则是完全不同的思路和模式，它不是一次做大，而是逐步开拓的。小麦加工事业部认为，如果一次性建设10个面包厂，那现在肯定亏了，反过来说，10个面包厂如果管理好了，盈利也会更大。如果我们在全国建20家工厂，培育一个大面包品牌，覆盖每个城市，每年在全国卖50亿元的面包，那肯定就会盈利。小麦加工事业部认为品牌是"以品为主，牌在后"，一定要先把产品力做起来，这个思路是非常正确的，现在面条的重复购买率就达到了70%，而且价格还比竞品高。这是非常对的盈利逻辑，福临门油和米现在毛利率都下降了，就是因为不重视产品力，销量不好就减价，减价就把品牌拉低了，越减越低，结果是销量虽然上去了，但亏损更严重了。

企业要盈利，就必须有好产品，企业所有方面的努力都应该是为了生产更好的产品，产品是结果、是形象，是消费者对公司最直接、最重要的感受和认知，没有好产品，企业什么都不是，没有好产品所带来的销售和消费者忠诚度，企业什么都不是，好产品自己会说话。

盈利和前景在短期内也许会有矛盾，因为前景本身需要远期战略，像产业布局、行业趋势等。中国粮油的前景在于弱化大宗农产品的定位，使企业的经营和中国的消费市场紧密联系起来。也就是说，中国粮油的玉米加工一定要走向食品原料，油脂加工一定要走向食品和饲料原料，其他业务也一定要继续向下游走，一定要与消费市场建立有形的联系。要特别注重提升业绩的持续性、稳定性，不能去年加工300万吨赚15亿元，今年加工600万吨却只赚12亿元。所以，中国粮油应当把所有问题放到一个战略远景和现实执行中来看，应当多听取外部意见，逐步把公司改造成有盈利、有前景、有远景的公司。

总之，盈利和前景与市值是密不可分的，中国粮油要把市值管理作为管理提升的有力抓手，把盈利和前景的各个组成要素分解到每项业务，把管理提升持续长久地做下去，让投资者感受到公司是沿着中国消费品市场在成长的，是有现实盈利基础和有长远发展前景的一家公司。

（2012 年 9 月）

> 企业管理的所有工具，最终要看能不能真正掌握市场，能不能把自己放在市场的大信息系统里，知道周围发生了什么，知道别人怎么做，对自己有正确的评价，能够见贤思齐、改善自己——标杆管理就是这样的基本方法。

从标杆差距中寻动力

标杆管理的方法很简单，比如你的同桌考试得 95 分，你得 90 分，为什么？他晚上不睡觉，在学习，你努力不够；或者他有计算器，你没有，你的设备不行。这就是对标，就这么简单！

可是标杆管理放到企业管理中就复杂了，为什么？不知道从何下手，不知道能不能比，有没有动力比，不知道比完了对自己好不好，然后找个借口，给自己一个回旋的余地。但是，企业竞争必须回答两个问题：我们做得对吗？我们做得好吗？

怎么知道做得对不对、好不好？依靠写报告是没有用的，必须做标杆管理，从标杆差距中寻求动力。企业管理的所有工具，最终要看能不能真正掌握市场，能不能把自己放在市场的大信息系统里，知道周围发生了什么，知道别人怎么做，对自己有正确的评价，能够见贤思齐、改善自己——标杆管理就是这样的基本方法。

标杆管理是一个综合的信息系统

标杆管理的角度要来自市场、竞争、比较、优化，要不断听取市场和客户的声音，知道别人怎么做。就像雷达图一样，要知道自己的飞机在哪儿，知道别人飞得多快，知道下面会发生什么。所以，标杆管理是一个信息系统，是一个思维系统，每个人必须清楚地知道自己在什么地方，不能妄自尊大，也不能自暴自弃。

假设你今天遇到某个公司的人，他说某项业务某个公司做得好，知道别人是怎么做的，他自己是怎么做的，那这个人就处在一个大的地图中，他不仅走在路上，而且知道方向，也知道别人怎么走。一个综合的信息系统应该有这样的作用，及时明白地知道每个竞争对手的位置和动态。此外还要知道趋势变化。如果不研究市场趋势，只知道自己商场里的客户，服务好，留住他，当然也可以，但是可能会失去很多新的市场机会。所以，每个人每天都应该自然地把自己放在标杆管理的环境中。

标杆管理信息系统不是偶然的系统，是要建立在公司流程中的，是自动的、每年不断的、持续往前走的，是经营管理工作的一部分。标杆管理最大的难点就在于流程方法、流程数据，这恰恰是最有价值的部分。如果不建立标杆管理信息系统，如果每个人的意识中都没有这个系统，连最简单的市场上的公开信息、上市公司信息都搜集不到、整理不好、消化不了，就没办法了解市场动态，连最基本的管理、业务都做不到！

标杆管理是一个科学的管理方法

标杆管理还得有科学的方法，是可持续的、自动运转的系统。中粮集团除了实物资产，还应该有研究能力和系统能力，有别人不具备的核心能力。

标杆管理可以让中粮集团变得更市场化，更有竞争性，更能反思自己，知道自己内部的问题。没有比较就不知道差距，就没有进步！标杆管理就从这里出发，分析到系统，知道别人怎么做，再吸收别人的优点，建立自己的系统，经过不断的运行、优化，过几年再比较——就这么简单。

我们要用标杆管理不断提醒自己哪里做得不好，每日三省吾身！我们可以和别人比，可以在内部比，还可以与自己比，这是一个不断优化的过程。标杆管理是一个基本的思维过程，是一个企业进步的过程，更是每个人进步的过程。

加大标杆管理评价权重

从集团层面来讲，标杆管理有一个非常大的作用就是评价。在战略层面可以评价资产的分布，在风险层面可以评价市场的竞争，在公司管理层面可以评价人的表现。

中粮集团应该继续加大标杆管理、标杆数据在评价中所占的权重。我们过去对某个部门做调整，对某个经理人做调整，在标杆管理的运用上还很不够。如果市场上别人做得都不好，你还好，那没有问题；但是如果别人做得还不错，越对标越感觉自己不行，就是退步。这是中粮集团做评价的基本依据，也是标杆管理信息系统要发挥的作用。

标杆管理必须找到差距，从上到下，落实到单元、部门、业务、个人，才能真正地提升业务。如果中粮集团的全员都能这样，用谦虚、实事求是的态度来看自己的现状，发现问题、不断改进，中粮集团的业务就一定能够做好。今天，彻底地进行标杆管理的公司还不是很多，中粮集团还有优势，希望借着这个优势，再起步！

（2013年11月）

> 今天无论中粮集团是自觉地去调整还是适应市场发展来提升自己，企业也都走到了这个阶段，这些问题都要解决。这就是一个新的阶段，也是新常态。

新常态

新常态是主动的选择，还是形势所需，还是自然的发展？三者都有。新常态是一种新的认识、新的态度、新的方法。过去那么多年，我们习惯了一些做法，而这些做法曾被实践证明是成功的，可今天我们要变了，而且这种变化不是临时的，不是调整一些再回到原来的路子上去，而是要长期进入一个新的阶段，新常态说到底是要升级。

原来不是挺好的吗？为什么要升级？形势不到，人也认识不到，形势到了，不看到事物的本质和发展趋势也认识不到。认识不到可能就难以行动起来面对新的形势。可事情的发展是无论你是否认识到，规律上该发生的事情还是要发生，还是要有升级，还是要有转变方式，还是要有新常态。中粮集团今天就走到了这一步。

当然，有不断增长的消费活动来驱动经济成长是好的，可消费也分阶段，也升级，也要有不断的收入成长相伴随，也要有成熟的社会服务为基础；有不断增长的产业投资来驱动经济成长是好的，可投资多了市场也会饱和，产能也会过剩，企业资本收益率也会下降甚至亏损；有不断增长的出口需求来驱动经济成长是好的，可世界经济也会不断波动，汇率也会不断波动，国际市场也会不断波动，国内成本也会不断上升；有不断增长的政府支出来驱动经济成长是好的，可政府也要预算收支平衡，政府债务也不能过多，政府的资产使用效率也要提高；有源源不断的低成本劳动力、永不被破坏的自然环境、永不枯竭的自然资源是好的，可是这些都是发展中要付出的成本，成本高了，事情就不能持续了。所以，所有这些不断增长中带来的问题都要解决。

经济发展的主体是企业，过去发展中的成绩和问题都无一不在企业中表现出来。企业中投资多、收益低，产品多、创新少，产能大、过剩多，发展快、借债多，并购多、整合差，规模大、研发少，大宗多、品牌少，价格战多、附加值少，多元化多、竞争力差，随市场波动多、有效应对少，国内经营多、国际经营少，团队规模大、专业性少，看短期多、看长远少，从自我出发多、从客户出发少，注重销售多、深究产品少，战略多、细节少，跟随多、引领少……还有很多，这些做法在企业和市场发展的初级阶段都是有用的，也是不可避免的，也是相对容易的，也是会变成习惯的，可今天无论中粮集团是自觉地去调整还是适应市场发展来提升自己，企业也都走到了这个阶段，这些问题都要解决。这就是一个新的阶段，也是新常态。

新常态可能首先要从企业开始。

（2015 年 1 月）

> 要想达到目标，必须提高执行力，要有正确的方法和落实系统，必须切实推进 6S 管理和标杆管理，必须细分管理。

打造国际化的新中粮

2014 年，在经济环境不太好的情况下，中粮集团还是取得了不错的经营业绩，业务稳定发展，团队积极向上，大家付出了很多努力。

2014 年，中粮集团完成了对尼德拉、来宝农业的并购，走出了历史性的一步。中粮集团在战略上希望能够延伸产业链和供应链，加上并购的两个企业，扩大到国际企业的规模。

首先，这是国家战略和企业战略的统一。国家给中粮集团很大的支持，支持中粮集团"走出去"，建立了由中国人自己控制的世界一流的国际化粮油食品企业。

其次，这是企业战略发展和未来投资回报的统一。这次并购通过中粮国际完成，这是个新公司，由中粮集团和厚朴、国际金融公司、淡马锡、渣打共同投资。淡马锡是新加坡政府的主权基金类公司，国际知名度高，投资要求高，对中粮集团的并购项目很积极。中粮集团自身的战略要求"走出去"，要整合发展，而投资人主要看项目能不能创造价值。

再次，这是新股东、老股东利益的统一。并购后，中粮集团和原股东共同持有股份，中粮集团控股，双方共同管理，达成了新老股东的平衡，也控制了风险。将来，随着中粮集团和尼德拉、来宝农业的业务整合，依托中国经济的成长，新中粮会成为一个全球性的公司。老股东、新股东对未来整合的动力越来越强,未来这个过程会对整个粮食行业带来很大的影响,世界粮食格局将发生变化。

2014年,中粮集团的主要盈利来自地产、金融和包装等。未来,中粮集团会成为一个国有资本投资控股公司,由各种不同的资产组合,但粮油食品是核心主业。

2014年,华孚整体并入中粮集团。华孚的资产对中粮集团的整体布局非常重要。

到2014年年底,中粮集团的资产布局基本完成,中粮集团现在已经没有更强的欲望去并购新公司了。为什么?如果今天把中粮集团的业务布局和资产地图画出来,已经相当完整了,中粮集团几乎拥有了所有粮油食品企业梦寐以求的一切。

未来五年,中粮集团要建立一个由中国战略驱动,中国大股东主导经营的国际化公司,成为一个真正的国际化大粮商。要建立一个国际化大粮商不容易,但是,今天中粮可以实现,尼德拉和来宝农业可以实现。我们可以在圣路易斯和新奥尔良把产业链连起来,把美国中西部的粮食通过密西西比河入海,再运到中国来,从农民到运输到贸易,都由我们自己控制。

未来资产应该怎么布局,可以上市,可以出售,也可以把品牌做得更好,还可以重新梳理产业链。总之,要有一个真正往前走的目标。这个目标可以使我们凝聚力量、反思自己。

要想达到目标,必须提高执行力,要有正确的方法和落实系统,必须切实推进6S管理和标杆管理,必须细分管理。比如,资产回报率是怎么形成的?必须细分资产、细分单元、细分人员、细分问题、细分目标、细分标杆、细分关键核心点、细分评价、细分每个人的责任,否则我们就解决不了ROE过低的问题。

我们能不能建立一个真正可以互动、互相关联、上下联合和目标一致的完整的管理系统,真正提升执行力,打造有规模、有战略、有商业逻辑、有竞争力、国际化的新中粮?

（2015年2月）

> 我们要思考如何实现产量的增长，也需要更好地利用国内、国外两种资源、两个市场。

谁为中国的米袋子负责

谁为中国的米袋子负责？

20多年前出版的《谁来养活中国》一书也提出了这个问题，作者叫莱斯特·布朗（Lester Brown），他提出中国人口快速增长超出了10亿人，到时候谁为中国提供粮食？

2008年，国际金融危机爆发时，农产品价格大幅上涨，因为当时粮食生产减少了50%，人们担心是否会发生粮食危机。一些国家采取了限制出口的政策。当时大豆价格上涨了很多，大家都很担心。中国也担心在大豆和玉米方面的进口会受到影响，但是后来我们的担心并没有成为现实。

今天，粮食的价格，如大豆价格、玉米价格、小麦价格，都比较高，特别是在中国。但是我们也看到了粮食的价格并不是那么重要。人类可以使用技术，如种子技术，可以通过贸易提供足够多的粮食供全世界食用。可见，人类对这个问题的理解还有待深入。

我们经常会重蹈覆辙，但我们已经不担心粮食危机了，特别是今天中国的现状。我们现在担心的是如何来保存这些粮食，我们建了很多粮库，我们担心粮食价格下跌。当然，并不是现在世界上的每个角落都有充足的粮食，也有着区域不平衡的问题。解决这个问题最重要的是要通过贸易来实现资源的重新分配。

中国正在反思：应该生产多少粮食，生产成本如何，在生产粮食的过程中如何保护环境，农业增长的质量如何。我们现在不仅要关注数量，更要关注质量，关注成本和种类。所以，中国的粮食增长，不仅是大米的增长、小麦的增长，还包括高蛋白质食物的增长，如肉类、蛋类、禽类，这样的趋势会继续，那么就意味着我们需要生产更多的粮食。

我们要思考如何实现产量增长，也需要更好地利用国内、国外两种资源、两个市场。2014年中粮集团对两个海外企业进行了投资，希望通过海外收购建立起一个国际化的供应网络，能够有效进行采购，使全球粮食市场更加高效、更加有序，造福生产者，造福消费者。同时，我们也会更好地利用技术实现粮食的再分布。所以我们无须担心，我们一定能够解决中国的米袋子问题。

（2015 年 3 月）

> 我们不能随意地往前走，我们必须做正确的事情。我们要从自身的内部找可控的原因，形成工作的窗口，找到最重要的工作和工作的顺序。

反思

过年前，我给大家布置了寒假作业，就是仔细思考中粮集团的ROE和股价问题、运营效率问题、风险控制问题、市场化经营能力问题、业绩表现问题、消费品品牌和市场地位问题、商业模式和管控模式问题。

我们希望能够找出问题的真正原因。可找到的原因很多：政策不好、市场变化、产能过剩、毛利偏低，我们可以找到很多宏观的外部原因。这些都是存在的，我们不能否认。但是我们更要找自身的原因，找到我们自身内部可控、可改、可提升的原因，形成我们的工作方法。

问题找出来了，原因找出来了，那么，用什么办法来解决？这个办法能不能形成我们工作的基本要求和思路？我们真正的核心竞争力应该培养什么？是规模领先还是风险领先？是控制成本还是自我创新？是做营销还是做产品？是做战略还是做投资？我们不能随意地往前走，我们必须做正确的事情。我们要从自身的内部找可控的原因，形成工作的窗口，找到最重要的工作和工作的顺序。中粮要根据自身的产业布局，兼顾规模和盈利的平衡，不能一味扩大投资，回报率要高一点。

我们要用科学的方法把问题提升到理论的高度来认识。10年前中粮集团的营业规模还很小，今年加上尼德拉和来宝农业，上升到七八百亿美元。但是我们内部如何，能不能管得住，有没有平稳发展的能力？在企业扩大规模，走到一个新阶段后，所有过去没有做得很好的问题就显露出来了。我们如何做好，这对我们是个挑战。

希望大家拓展思路，真正找到中粮集团今天存在什么问题，什么原因，怎么解决，下一步形成什么方法。希望我们每年都把去年的讨论成果拿出来，看看有没有改进。只要我们持续认真地做几年，一定能够提升。

（2015 年 4 月）

> 跟历史比、跟行业标杆比、跟预算比，应该成为我们进行评价的基本标准。

要有理想、精神和信念

知之为知之，不知为不知，是知也

贸易企业的转型是一个长久的、困难的过程，同时也是一个不断总结经验的过程。企业能不能在这个过程中成熟起来？大家能不能对行业有深刻认知？能不能支持这个行业？有没有正确的方法？最终达成什么目标？这些问题都值得认真思考。中化集团具有贸易企业的底子和结构，如今面临转型、多元化问题。这里特别需要关注的一点是，你以为你是卖石油的，所以就会开采石油；你以为你是卖小麦的，所以就会做面包；你以为你是做大宗糖贸的，所以就会一包一包卖方糖。这就大错特错了，其实二者相差十万八千里，完全是两个概念。当你不懂的时候，不知其难、以为自己知道，但进入后就会发现问题。正所谓："知之为知之，不知为不知，是知也。"

国企必须关注哪几个方面

干国企必须关注这几个方面。第一，必须有点理想、精神和信念。太精明的人，在国企肯定干不了多久。因为收入肯定不如民企。

所以必须有一些自我的、信念性的东西，得有理想来支撑我们的事业。第二，必须有目标。在企业里不管还要工作多长时间，都必须有目标。我们的企业对国家、对客户、对员工、对社会能够真正做一点什么，这和公司的战略是紧密联系在一起的。第三，必须关注员工的全面发展。员工的全面发展与企业的资产状况、盈利状况、战略发展密切相关。企业必须关心员工的收入待遇、能力提升与精神状态，关注员工的全面发展。第四，必须关注专业化与多元化的关系。多元化企业涉及一个概念，叫多元化折让（Conglomerate Discount），认为只要是多元化，企业价值就有折让问题。然而，通用电气就没有多元化折让问题，对它来说是多元化溢价（Conglomerate Premium），因为规模大、融资成本低、有协同效应、产业调整余地大。多元化企业的利与弊，对中化集团来讲也是一样的。大家必须就这一问题进行充分的讨论并达成一致，不能前面人干、后面人嘀咕，思想和行动不统一。

影响企业经营成功与否的几个因素

第一，企业自身基因。企业成功或者不成功与企业的出身、历史、能力等有关系。有的企业容易成功，有的不容易成功，这是一种可能性，但不是绝对的。

第二，行业选择。比如过去 10 年，地产行业不赚钱很难。但是不容否认，也有人做坏的。中化集团地产业务坚持高端定位，做得很成功。为什么能做出这样的决策？我觉得是由企业的基因决定的。

第三，决策合理性。如选人用人决策，即使在不太有利的外部环境下，如果选对人，就能硬闯出一条路；相反，也有一些很好的业务，因为选错人而失败了。企业用错一名经理人，至少会耽误这项业务四年左右的时间：第一年不知道这人好坏；第二年发现不太行要换；第三年刚换完，来位新人，新人还得熟悉一年；第四年新人熟悉完了，行不行还不一定。如果第二次选的新人还是不行，这块业务可能就没了。

第四，体制机制问题。中化集团旗下几个合资、参股企业经营得不错，说明中化集团朝多元化投资控股企业的方向发展是正确的。因为中化集团自身的投资管控能力相对较为出色，但产业运营能力相对薄弱，应该采用灵活的体制机制，交给更加精于此道的人去经营。

企业战略的问题有时候也是战术的问题

短时间内中化集团要在石油、化肥、种子等领域都做到行业领先不太可能，但是要有坚定的信心。一开始我觉得中化集团的问题是战略问题，是战略布局、行业选择的问题，但是跟大家沟通后，我觉得战略的问题实际在某种程度上是因为战略执行不到位而带来的，很多战略的问题实际上也是战术的问题。

战略问题和战术问题实际上有时很难分清，如农药，如果研发不好、生产的产品不好、管理水平一般，那么再好的战略也没用。因此，我们需要把公司战略梳理一遍，最终每个经营单元、每个业务的人员都必须对公司战略、业务状况有全面的认识和了解。再如，勘探开发公司目前经营情况不佳，主要认为是由于油价下跌造成的，但不能说就是这一个原因让公司经营状况不好了，其中肯定还存在别的原因，如运营、成本问题等。

跟历史比、跟行业标杆比、跟预算比，应该成为企业评价的基本标准。在产业布局上我们需要选择好，但是在产业发展过程中有许多变化，同时也蕴藏着机会。如果一看形势不好就提出要退出，那么卖给谁、怎么卖？退出涉及成本问题，以及时机问题。每个行业都有人做得好，也有人做不好，关键是要做好我们手头的工作。

国有企业特别适合标杆管理，否则大家会不服气，认为评价依据没有说服力。如果我们不跟标杆企业比，就会永远认为我们已经做得很好了。实际上，跟历史比、跟行业标杆比、跟预算比，应该成为我们进行评价的基本标准。通过这些比较，我们能了解为什么今年比去年经营业绩差、为什么实际完成较预算有差距，是我们做预算时对业务的看法有偏差，还是对行业的认识不够深入。如果中化集团要力争成为行业领先的标杆企业，就需要对现有各项指标进行对标比较，不仅比规模指标，更要比运营指标。如果自己规模又小、运营又差却说自己是最好的，这就是井底之蛙。选择标杆企业，要选择真正有参照借鉴价值的标杆，不能随意找标杆。选择标杆企业时应该对行业现状有深入的认识，对企业自身的行业地位有清醒的认识。

（2016 年 1 月）

> 所谓创新，不是无中生有，而是提升、升级，要把我们的产业不断提升到一个特别适合市场需求、反过来市场又会给我们超额回报的定位上去。

用好五大发展理念

中化集团是一个挺好的公司，有很好的规模、很好的业务基础、很好的团队，团队敬业、专业、执行力很强，对公司也很热爱；公司资产也都是优质资产，资产负债结构稳健。现在公司发展的战略也是一个很宏大的、稳步前进的战略，公司有很好的基础，这是没有疑问的。但是公司现在也面临着一些新的问题。公司本身由于行业问题进入了低潮，这和公司宏大的目标、和我们的预期不太一样。这里可能有行业周期性的问题，可能有我们管理的问题，可能也有投资结构性的问题，混杂在一起，但是行业周期性是比较突出的问题。

那么，怎么发展呢？今天我很难说某个行业该怎么做，但是我知道大约往什么样的方向去走。我们要把中化集团发展放到大环境下去看，运用"创新、协调、绿色、开放、共享"五大发展理念指导中化集团的发展。这五大发展理念，既是国家的发展理念，也应是公司的发展理念，运用到中化集团非常准确、非常切合。

首先是创新发展。创新对我们太重要了。中化集团是国有企业，不创新无法生存；中化集团是多元化的企业，面临的情况更加复杂；中化集团还在转型过程中，还没有完成转型；中化集团遇到激烈的竞争、遇到行业的低潮，走不出来、硬往前走，肯定不行。

第一，理念思维的创新。现在的供给侧结构性改革就是理念思维创新的结果。如果供给侧不改革，老设施、老地方、老服务、老功能，你等着客人也不会来的。

供给侧改革，满足客户需求才是关键。我们不能让老百姓多用化肥，现在国家也倡导少用化肥，那我们就必须做好产品，做用户需要和市场需要的化肥；还有农药，我们主要是做原药，制剂很少，不会做制剂怎么能成功呢？不创新怎么行！

所谓创新，不是无中生有，而是提升、升级，要把我们的产业不断提升到一个特别适合市场需求，反过来市场又会给我们超额回报的定位上去。如果企业老是去搞低端的产品，老是搞价格战，那产能过剩就是必然的。在中粮集团时，我总是讲，中粮集团就是要不断提升整个产业链的品牌溢价。因为在消费者心目中我们已经被定位了，提升起来非常困难，但这条路必须要走，产业链的创新至关重要。

第二，体制机制创新。中化集团的基础是好的，一是市场化的程度较高，二是团队有很强的改革欲望，三是基于目前所处行业的竞争性和对国家的重要性。这些都给我们提供了创新体制机制、探索混合所有制、推进各个层面上市的机会，使我们的企业能够更加符合市场竞争的要求。这个创新可以在很多层面去展开。

第三，商业模式创新。每个业务都要升级商业模式，比如农业业务从农业投入品生产销售到农业服务，地产业务从房地产开发商到城市运营商。此外，面对"三桶油"我们该怎么做？如果我们的能源业务继续往前发展，依靠什么能够在行业中占有一席之地？能源业务是支撑中化集团世界500强地位的重要组成部分，短期肯定保留，中长期也必须保留，但要生存发展必须实现转型，必须建立有特色的商业模式和差异化的竞争优势。这样的要求也适用于公司其他业务。

第四，内部管理上的创新。比如集团公司对下属的业务单元如何管理，我们也必须改革创新，要让这个关系更顺。要通过管理创新，综合运用各类创新要素和资源，包括资金资源、人力资源和支撑创新的体制机制等，有机整合产业创新、技术创新、商业模式创新、体制机制创新，形成创新的整体合力，把产业发展的后发优势充分发挥出来，实现"星星之火，可以燎原"的效果。我们还得有真正的创新意识，要有创新的组织、创新的人才、创新的能力和方法、创新的时间表、创新的评价及创新的奖罚，从而把创新变成发展的真正动力。

中化集团是多元化企业，旗下各业务板块必须有专业化管理。20世纪60年代以来，学术界围绕企业究竟是否该"把鸡蛋放在一个篮子里"的问题争论了近半个世纪，始终没有答案，但后来基金经理对这个问题给出了自己的答案。他们认为，我是"Portfolio Manager"（组合投资经理），负责对各个企业进行组合投资，把鸡肉、牛肉、蔬菜组合到一个篮子里边。被投资企业则应当专业化；如果被投资企业也搞多元化，那么就如同一个个本身既有肉又有菜的小篮子，就无法再进行有效组合了。基于这样的理念，华润将旗下各业务单元拆开来逐个上市，而且要求在本领域内取得领先地位，做不到行业前三的就退出。今天，华润在香港资本市场上同时拥有三家并排的恒指成分股公司，在地产、啤酒、水泥、电力、制药、零售等多个行业排名靠前，也培养锻炼了一支优秀的经营团队。中化集团的主营业务也要在发展中逐步调整，并且这种调整主要应该是增量式而非减量式的调整，要力争做到专业化经营，并且在行业内领先。这一切的基础都是创新发展，创新是公司当前必须遵循的一个重要理念，要通过创新创造中化集团的未来。

其次是协调发展。多元化企业各板块间如何协调、协同？产业链上下游各个环节如何协调、协同？核心主业和非核心主业之间如何协调、协同？各个业务之间有没有内在的逻辑联系、能不能整合？短期的经营和中长期的战略发展如何协调和衔接？各个板块如何定位和发展？多块发展、齐头并进还是突出重点？如何进行资源配置才能与我们的能力相匹配？这些都是协调的问题。如果公司再借贷1000亿元，资产负债比例大概是72%多一点，并非不可承受。但问题是钱投向哪里？风险有多大？我们的团队和运营管理能力能不能跟得上？我们可以复制推广的商业模式和产品有多少？现在看来并不多。所以我们需要协调好五大板块的发展，控制好发展的风险。

要重点强调建立与企业发展相匹配的团队管理能力。现在公司最紧迫的问题不是缺资金，不是"资金荒"，而是缺资产、缺能力，是"资产荒、能力荒"。一个企业能够让总资产从几百亿元扩展到几千亿元，而负债比还控制在 60% 左右，一定是依靠大量的盈利积累和新资本引进，这是非常不容易的。靠提高负债比例来增加总资产不难，难的是在不提高负债比例的前提下，把每年的投资控制在由经营积累带来的资本金增加所能提供的借贷规模之内，这才是企业最健康的发展模式。要做到这一点就必须有很强的团队管理能力。此外，我们所投资的企业是否都要自己去管，让别人管行不行？我认为，主业领域的投资必须要具备自主管理的能力。一个企业之所以存在，就在于它的团队自认为能够比别人干得更好，否则把钱投给别人就行了。我当年在华润时就讲，既然汇丰银行业绩好、股价上涨快，那么如果我们自己能力不够强的话，不如把华润的钱都用来买汇丰股票，自己什么都别干了。因此，团队的能力是一个企业协调发展的真正核心能力。

再次是绿色发展。这是我们作为石油、化工企业的必然要求，是我们的天职，要让绿色发展成为我们的产业竞争力。在石油领域，要提供更加清洁高效的能源；在农业领域，我们的化肥、农药必须是对土壤、对作物最有利而无一害的；在化工领域，我们提供的产品和服务必须是绿色的、环保的。中化集团有专门的节能环保业务，地产业务在绿色建筑方面做得也很有特点。这些都是基本的要求，绿色发展的实质是人与自然的和谐共处问题。这不是简单的节能减排，而是有着更加丰富的内涵，关键是我们对人、对自然的态度问题。

一是企业对员工的态度。在中粮集团新员工见面会上，曾经有位新员工问我，中粮集团的未来究竟取决于什么？如果只能说最重要的一项的话，我当时的答案就是一句话——中粮集团的未来取决于中粮集团对员工的态度。企业的未来从根本上讲不取决于财务，不取决于技术，不取决于品牌，最终是取决于它如何对待自己的员工，这也决定了它的团队有没有战斗力。

二是企业对自然的态度，要有绿色、和谐、共生的意识，在节能环保方面为全社会做出贡献。我在华润时曾与英国BP公司的负责人有过交流，他讲到"BP"的含义不是"British Petroleum"，而是"Beyond Petroleum"，不是"英国石油"，而是"超越石油"。其实在BP公司，新能源业务在整个业务中占比不到5%，95%都是传统的石油业务，但环保作为一种理念被BP公司大力倡导并广泛宣传。从中化集团来讲，我们要深入贯彻绿色发展理念，争取做全中国最绿色环保、最环境友好的企业。这可能是我们竞争力的一个重要潜力所在，在这方面形成特色和优势，我们就有机会在行业竞争中抢占先机。

又再次是开放发展。一是要有开放的心态，营造一种阳光、直接、坦率、友善的开放氛围。在中粮集团时，如果有同志向我反映对其他同志的看法，我的态度就是马上把那位同志也叫来，大家当面把问题说清楚。班子的团结、人与人之间的和谐相处都需要沟通。如果沟通到位，大家会觉得，其实99%的人比你想象中的要好。

二是要有开放的视野。我们必须看到我们的企业在国际上居于怎样一个地位，必须要有国际化视野、明确自身位置，知道我们凭什么能成为具有全球地位、受人尊敬的伟大公司。外界对多元化企业的批评不少，认为存在一种"Conglomerate Discount"（多元化折让，即多元化企业的整体企业价值会较单块业务价值之和出现一些折让）。多年前我与韦尔奇交流时曾向他提起过这个问题。他认为，通用电气只有"Conglomerate Premium"（多元化溢价），没有"Conglomerate Discount"。再如和记黄埔，它也有石油、地产、电信、港口、零售等多元化业务，目前看发展也是非常成功的。因此我们必须要有国际化视野，向这些企业学习成功的经验，激励自身更好更快地发展。只有每一个业务单元都做强做优、成为行业一流，整个集团才能发展好。

除了开放的心态、开放的视野以外，还要有开放的作风、开放的人才、开放的产业、开放的股权、开放的资本运作，等等。

最后是共享发展。如果从企业的角度看，一是要看我们这个企业能不能和客户共享，是借助客户发展自己，还是和客户一同发展，形成战略上的合作伙伴关系，实现互利互惠、共享共赢。二是要看我们能不能和员工共享，公司的员工在行业里是不是受人尊重、受人欢迎。我不太担心员工被别的企业挖跑了。员工被挖走，说明这个企业和员工都做得不错，你还可以再培养人。但如果员工是主动走的，说明企业和员工共享得不够，这也会倒逼企业进行改革。我们在体制机制上如果做不到和竞争对手一样甚至更先进，两三年也许不会有太大的问题，人家赚大钱，我们可以赚小钱，但时间长了，我们的竞争力和创新力势必会受到很大的影响。当然，我今天讲的和员工共享，必须要遵守国家的法律法规和政策要求，但遵守之下也可以创新，所有的创新都靠我们自己。另外，员工和企业的共享是相互的，企业给员工提供舞台、让员工实现价值，员工也必须是专业的、忠诚的、干净的、有担当的，在与企业共同发展的过程中实现个人理想抱负。三是和社会利益相关者共享，这就是中化集团的社会责任。我们的企业不能光是为了员工发展、自身发展，我们还要为社会发展、为产业进步作贡献。作为国有企业，我们参与了很多社会活动和公益事业，这就是与社会利益相关者共享。产业发展不是企业的唯一目的，企业更重要的目的是要跟人一起发展，实现人的全面、自由发展。

未来，我希望全体中化人共同努力、尽职尽责，按照五大发展理念推动公司事业成长，让员工有发展、事业有进步，让企业在行业内有地位、在社会上有影响力，使中化集团真正成为一个具有国际水准、受人尊敬的公司。

（2016年1月）

> 什么是受人尊敬？就是既受行业尊敬，也要受客户、消费者尊敬，还要受社会尊敬。

成为受人尊敬的公司

我到中化集团已有半年多时间。这半年来我跑了很多地方，到全国各省市下属企业调研，并与很多关键岗位的同志们进行了接触和交流，总体上留下了三个方面的印象。

第一，中化集团的基础很好。首先是现金流很强，这是任何一家企业健康发展的要素。中化集团的特点是实业资产多、折旧高，现金流情况较好、高于净利润，即便是有些业务出现亏损，但现金流依然为正。公司的金融、地产、能源等业务都有一定的核心能力，业务盈利情况较好。这半年来，公司财务报表得到改善、负债比率下降，给未来发展奠定了很好的基础。

第二，中化集团处于很好的行业。公司五大主业都处于关系国计民生的行业，也都处于市场竞争性领域。虽然有些业务做得还不够好，但有很大潜力可挖，能源、化工、农业、地产、金融都有进一步做强做优做大的空间和潜力。这些都是能够取得成绩的行业，政府干预少、竞争程度高，对于中化集团这样一家市场化程度较高的企业来说，值得我们用心去做，探索出适合自己的业务模式。

第三，中化集团拥有很好的团队。中化集团这支队伍积极向上，有很强的竞争力、执行力和向心力，以及有不服输的劲头和较强的竞争意识。很多人都把自身职业生涯发展与公司事业紧密联系在了一起，表现出了强烈的责任心和使命感，对公司也非常热爱。这些都是我们未来实现更进一步发展的有利基础。

中化集团要成为一家受人尊敬的公司。什么是受人尊敬？就是既要受行业尊敬，也要受客户、消费者尊敬，还要受社会尊敬。这是企业崇高的愿景目标，也是我们努力的方向。从哲学上讲，价值理念引导我们的行为。我相信，在这个目标指引下，中化集团在未来五年一定会走过不一样的征程。企业发展得好与坏，往往取决于其领导团队过去5年、10年甚至20年做出的战略决策。中化集团的昨天决定了中化集团的今天，而中化集团的明天又取决于中化集团的今天。老一代中化人为中化集团今天的发展打下了很好的基础，我们应当在这个基础上进一步改革发展、探索创新，做好一系列既影响今天更决定明天的重要工作，让中化集团的发展迈上更高的台阶，未来真正使中化集团成为一家受人尊敬的公司。

（2016年7月）

> 未来我们必须坚持做正确的事，努力推动企业实现真正的转型，通过转型与发展保证利润的持续增长。

实现真正转型

中化国际作为一家以精细化工为主的企业，必须成为一家科技型的企业。未来其他资产进入中化国际，也是需要有一定技术含量的。整个中化集团化工板块的业务调整必须朝着研发、创新的方向发展。如果用互联网思维来说，即使目前化工板块亏损，但只要在行业内增长速度快、未来前景好，就没有大的问题，就可以吸引投资者。化工事业部在完成 2017 年预算的基础上，还要有一个系统的战略定位，并把中化国际与中化蓝天有机整合起来，否则未来很难做强。

在目前化工事业部整体战略方向还没有完全明确的情况下，我们必须先把现有业务做好，这是下一步开展一切工作的前提。ROE 指标相对来讲是一个非战略性的指标，但用它来描述我们的业绩和发展现状是比较吻合的，是一个很好的分析指标。化工事业部的整体现状就是 ROE 指标逐步下降、不尽如人意。为什么会出现上述问题？我认为真正的原因是我们在转型过程中把一些资产转型转错了，一是选择的行业不太对，二是行业里竞争对手做得比我们好。当然，这也可能是体制或历史因素造成的。

从某种程度上说，目前化工事业部的现状特别能反映中国国企的现状：在行业里的规模不小，但相对多元，创新力不够、协同性不强、战略方向不清楚，缺乏一流的人才和管理能力。未来我们必须坚持做正确的事，努力推动企业实现真正的转型，通过转型与发展保证利润的持续增长。

中化集团目前具备有机成长性、可自主融资的业务平台并不多，可以发挥技术、市场、竞争优势的投资机会也不多。我们第一步应该是把现有业务的 ROE 提升上去，与行业标杆不断接近，为未来发展打好基础，为未来整合创造条件，不能只顾未来的发展而忽视了现有业务。在此基础上，我们要把业务引入一个有创新、有增长的发展轨道上来，技术、研发的重要性怎么强调都不为过。

化工板块内部不同细分业务、经营单元的整合，是化工事业部的一个很重要、很艰巨的任务。未来中化集团化工业务的基本思路是能够在真正有创新的、有技术含量的细分行业中取得突破，而传统的老业务逐步降低比例。化工业务要整合发展，采用上市或者其他方式都可以，中化集团愿意在资本金注入方面予以大力支持，但这个前提是需要化工事业部自身沿着正确的方向去探索和设计。

中化集团会作为一家投资控股型企业，总部必须逐步向事业部授权，让事业部真正成为驱动企业进步的主体。化工事业部下各个经营单元必须是经过整合的，是无边界、一体的，共同建立有效的商业模式。在股权关系上一定要理顺，没有股权的彻底理顺就没有战略的有效执行。尤其是核心主业，一定要建立在可靠的股权控制基础之上。

化工事业部在制定规划的同时，也应设计一个事业部内部的激励方案，特别是针对下一步创新型企业的打造。这个方案可以是事业部整体提出的，也可以是各个经营单元根据自身特点单独提出的。总之，要让全体员工知道企业发展进步与自身切身利益的紧密联系。

（2016 年 12 月）

> 防控每年出现一定的、在可接受范围内的坏账,只要总体可控,那么对金融企业来讲是正常的;如果对坏账零容忍,企业就无法实现发展。

防控风险,把握机遇

发展的本质是在风险控制之下实现增长

中国对外经济贸易信托有限公司(以下简称外贸信托)在行业内有一定的知名度,之前也有一段比较辉煌的经历。但是,随着中化集团成立了金融事业部,各项金融相关业务得到整合,需要用新的思维来看外贸信托的定位问题。

外贸信托的目标是未来几年成为一个综合性的金融上市公司。这个目标很宏伟,但也很复杂,面临非常大的挑战。从外贸信托自身来看,管理团队近期经历了较大变化,但集团对现有团队抱有很高的期望,也提出了更高的要求。不能只谈恢复、修复,还要实现各方面的快速增长。做企业难就难在这儿,既要规模还要质量,既要回报又要增长,没有规模是不行的,但如果只是规模增长也是不可持续的。发展的本质是在风险控制之下实现增长,而这就需要考验团队的风险控制能力。

正确认识业务经营中面临的风险

未来中化集团应该是一个投资控股型企业，最基本的职能是资源的配置。目前，外贸信托的 ROE 比较高，应该给予更多的资源配置，取得更大的发展。

内部协同值得一做，但内部的协同同样也是最难的。而且，内部协同更多的是完全战术性、短期性的东西，不要指望内部的协同带来多大增量。外面的世界很美好，外贸信托应该面向外部发展。未来外贸信托至少应该将一两项创新性的金融业务做好，如财富管理、消费信贷等。要真正从团队、机制、客户、品牌入手，吸引人、留住人，建立一个知识产权管理方式，推动业务取得质的提高。要通过数据分析，充分了解行业的发展、客户的选择。这个行业的确存在较高风险，但我们把多个客户、多笔贷款组合起来，风险就分散了，不那么高了。

外贸信托目前风险偏好相对较低，如过去把地产和基建减掉，从目前看是保守了。当时有当时的考虑，但是集团从管理、评价的角度来讲，必须对风险保持一定的宽容度。外贸信托的风险管理要和业务特点相结合，给业务一定的空间，建立容错纠错机制。对于风险的容忍度，外贸信托要与集团战略执行部充分沟通。每年出现一定的、在可接受范围内的坏账，只要总体可控，那么对金融企业来讲是正常的；如果对坏账零容忍，企业就无法实现发展。

从预算的角度来看，每一项预算指标后面都应该有对应的激励和评价方案。外贸信托要根据明年的经营预测提一个预计的增量指标和激励方案建议。只要企业创造了价值增量，就一定要让其中一部分由员工分享。

金融企业最宝贵的资产是人

员工的流失率,特别是中层以上的流失率,不应该超过3%。中层以上员工流失比率的高低,反映出的是企业自身发展前景是否吸引人。信托业务是多种复杂因素结合在一起的业务,对人的素质要求很高。从某种意义上说,金融企业最宝贵的资产就是人。人都走了,业务自然就没有了。我们必须针对金融板块的特点,建立一套适应非银行金融机构发展需要的管理方法,把核心的人合理地管理起来。对于人力资源这个问题,集团人力资源部要考核,也要反思。

(2016年12月)

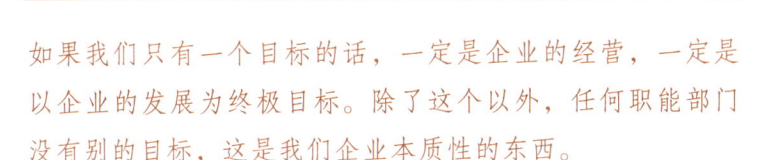

> 如果我们只有一个目标的话，一定是企业的经营，一定是以企业的发展为终极目标。除了这个以外，任何职能部门没有别的目标，这是我们企业本质性的东西。

企业的本质

企业的本质是什么

我认为，经营活动是企业的本质。不光是企业，实际上人类活在这个世界上，和自然建立接触并进行物质、能量的交换，最终的形式基本上是通过企业来进行的。所以真正创造价值的组织是通过企业来进行的，当然研究型组织最后也是通过企业来实现的。

从我们企业内部来讲，所有的业务最终必须支持销售。换句话说，整个企业的活动最终是要支持一个东西卖出去。这说起来简单，其实很复杂。销售是经营活动中最前沿的业务，所有关于品牌的、营销的、渠道的、生产的、成本的管理最后必须支持销售活动。销售就是获得社会的认可，对公司所有生产、研发的认可，对我们价值创造的认可。如果我们只有一个目标的话，一定是企业的经营，一定是以企业的发展为终极目标。除了这个以外，任何职能部门没有别的目标，这是我们企业本质性的东西。

总部人员如何评价

总部人员怎么评价？首先，我比较鼓励总部人员和业务单元不断交流，在交流中评价，在评价中交流。其次，总部人员的评价应该在更多的层面和更高的程度上与集团的业绩挂钩。比如，人力资源部提出体制性、改革性的建议，我们可以给予他们像给业务部门那样的奖励；创新与战略部对业务资源的布局、支持，特别是在战略执行过程中，提出调整性的、评价性的或者是改善性的建议，都会直接影响公司的盈利。其他职能部门也都一样，最终大家就变成了一个整体。这个整体里有一个比较长远的目标，在理念、使命、价值观层面把大家统一起来。在这样的企业文化氛围下，我们与每个事业部会有更多更好的沟通。同时，我们也必须要在制度性的、奖励性的、评价性的层面创新方法，将总部和事业部联系起来，变成一体。

中化集团在管理上已经有很大进步了，只不过我们现在要把这些体系性的东西重新提炼、梳理、系统化、简约化。关键是大家要在思想层面统一起来，这次集团总部 20 个职能部门迅速变成了 9 个部门，我觉得工作可能还不够细致，思想工作、准备工作、人员安排都存在一些可以改进的地方。我们一定要把这个工作做好，因为这是发展过程中的调整。希望这个过程的调整不至于白费，大家最终能够变成一个高效率、支持业务的团队。"同一个团队，同一个目标"，成为一体性的总部，这样才能达到公司整体的发展目标。

（2017 年 4 月）

> 如果我们要追求市值的话，就一定要追求创新的战略，一定要追求成长性，一定要追求在某个行业里的领导地位。

追求健康、持续、有内涵的业绩成长

业绩增长的最理想类型是靠创新、研发驱动

中化集团上半年取得了良好的经营业绩是非常不容易的，有几个特点：第一，集团整体业绩创了历史同期新高；第二，这个业绩基本上都是有机成长的经营性业绩、可持续的业绩，不是卖资产、卖股票取得的；第三，几乎所有经营单元、事业部都取得了进步，显示出比较健康的发展态势；第四，上半年公司做了很多结构性的调整，包括部门、人员调整等，在之前大家还担忧这些调整会影响经营，但事实证明我们在调整中取得了进步，非常难得。我认为公司目前的业绩成长是比较健康的，要分析我们为什么有成长，成长从哪来、能不能持续、怎么持续。总的来看，公司的业绩成长大体可分为四类。

第一类成长是团队自身努力带来的成长。上半年公司业绩成长很大部分来自整个团队的努力、激情和投入，以及在此基础上科学的工作，达成目标的动力和热情非常高。同时我们的成长也有市场恢复性增长的因素。今年油价比去年高，化工品等其他产品都出现恢复性增长。虽然农业、金融和地产受到不同程度的影响，但是市场整体来讲是在恢复当中。中央企业整体业绩今年上半年也达到历

史最高水平，说明中国经济在恢复之中，产业的、大宗商品的、消费的恢复都很明显。中国经济增长动力的转换已经初见成效，走出了最低谷。

第二类成长是改革和管理带来的成长。虽然上半年公司自身没有多大变化，但是因为管理严格了、费用减少了、成本降低了，使得效益也提升了。

第三类成长是并购、扩张带来的成长。上半年公司基本上没有大的并购和扩张，当然未来肯定会有。所以我们现阶段的成长基本是内生的、有机的，不是靠做加法得来的。

第四类成长是战略调整带来的成长。公司上半年没有很大的战略调整，基本没有做新的行业、开辟新的市场，因此这类成长也比较少。

在上述几类成长的基础上，未来我们也逐步会有其他类型的成长。我们要把市场做好、提升效率，同时有并购性成长和战略调整性成长。当然，最高端的成长是靠研发、创新带来的成长。有机成长加创新为王，全凭自己的力量就能变成最强者。很多发展好的企业就是这样，在不断开拓创新、提升技术、升级产品、推动商业模式变革的基础上做大做强，避免不断转换行业、不断并购带来的风险。如果我们今天突然出现一个大的业绩成长，但主要是靠并购企业换来的，负债比率提高了、ROE 降低了，那么这种形式的成长并不健康。就目前而言，中化集团的业绩成长还是相对比较健康的，虽然速度可能有点慢，有时候还会受到市场波动的影响。这当中没有一定的对与错，关键是我们自己如何看待。

评价指标

为更好地评价集团整体、不同事业部及事业部不同业务的成长，我们要选择一些关键的指标进行重点关注，通过这些指标分析我们的变化和成长。ROIC（投入回报率）指标非常好，它把业务的利润回报和投入占用的资金放在一起进行比较，包括贷款、利息等因素都考虑在内，确实能体现公司在某个阶段的营运质量、营运水平。当然，ROIC这个指标也不是在任何条件下都完全适用的，但整体而言它还是一个比较综合性的、有价值的指标。

现阶段我们不太讲市场占有率，但未来我们会讲，特别是将来在产业上逐步捋清了的时候，应该关注市场占有率指标，以及资金使用效率、应收款、库存、周转率等指标。ROE是非常好的指标，但是ROIC相比之下更综合一些。周转速度也很重要，周转速度快现金流就好，因为占用资金少了。对地产业务的评价应该有所区别，它是不同的商业模式，采用通用性的指标往往会带来一些问题。

市值概念以前我们提的不多，但它实际上是未来公司最终的概念。现在一家企业没有一两千亿元的市值算不上是有影响的企业。中化集团几家上市公司比较分散，加在一起估计市值也就一千多亿元。企业只有做了很多战略性的、积累性的、引领性的业务以后，特别是变成成长型的企业之后，它的市值才能提升上去。因此，如果我们要追求市值的话，就一定要追求创新的战略，一定要追求成长性，一定要追求在某个行业里的领导地位。很多公司市值低，是因为规模小、流动性差、分红少，而且一说前景除了努力干以外没有别的故事可讲。如果我们下一步要改制、搞股权多元化、搞混合所有制、搞员工持股，市值的重要性就体现出来了。近期腾讯拿出价值超过40亿元的股票发给员工作为奖励，我觉得这是一个非常好的办法，让员工的收入和公司的市值连在一起。

把公司纳入成长的轨道

要把公司纳入成长的轨道。比如中化能源，如果只是简单地拿现有业务去上市会很不容易。如果我们没法成为一个真正具有成长性的公司，上市就会遇到很多问题。中化能源未来可以探讨怎么采用数字技术、互联网等工具来创新贸易，怎么采用轻资产方式去扩张加油站，等等。总之，必须先在商业模式创新方面做出一些探索并初步取得成效，否则成功上市的可能性不大。

此外，还有分红的问题。将来中化集团的下属事业部都变成上市公司了，中化集团作为一个投资控股企业，和这些上市公司的经济关系就变成了两个：一个是分红，一个是股权。因为事业部一上市就成为公众公司了，有自己独立的管理体系。未来这些上市公司的市值非常重要，市值就是财富。如果市值两千亿元，那么即使负债率再高银行也不会担心，因为账上没有钱但企业价值在那里，他们一定会把资产重估后再计算负债率。总之，未来我们要进一步选择合适的指标评价企业的成长。

打造覆盖各个领域的一整套中化管理系统

为了让目前公司较好的盈利增长势头能够稳定住、持续下去、不断提升，中化集团应该全面建立一整套管理系统。这个管理系统应当是可传承、可优化、可持续的，有很强的应用性。总的来讲，我认为这套管理系统应该包括以下这些方面。

一是党的建设。党建工作不能只是一般性的组织学习活动、传达文件精神，必须得有高招、新招、实招，让全体党员真心实意地融入和参与党建。我们必须要丰富党建工作话语体系、创新党建工作方式，从加强理想信念教育、贯彻党的路线方针政策、强化党的组织建设等几个方面不断着力，让中化集团的党建工作在不断创新中持续前进。

二是"大监督"系统。从"不敢腐"过渡到"不能腐"，是对反腐败工作提出的一个新要求。我们首先要引导员工坚定理想信念、树立正确的价值观，同时要建立真正与业务经营紧密衔接的监管系统，健全经营管理制度、提升科学性与规范化水平，为"不能腐"打牢基础。公司要着力构建一个"大监督"系统，将审计、巡视、信访举报、案件查处等工作有机串联在一起，用行之有效的方法促进企业依法合规经营，落实党风廉政建设和反腐败工作要求。

三是6S管理。6S管理的实践从华润到中粮集团再到中化集团，包含战略、审计、评价、资金等内容，对公司整体管理水平的提升带来有效推动。

四是业务管控。中化集团要成为一家国际领先的投资控股型企业，就必须从人、事、财务、决策等各个层面厘清集团总部和事业部的管控关系，并且不断创新。

五是经理人选拔。经理人选拔是"五步组合论"的起点，从选人到团队建设，再到战略、执行、评价、奖惩，最后回到经理人的调整，形成一个完整的管理闭环，这也是一种科学的管理理念。公司要构建科学合理的经理人评价、选拔机制，把合适的人放在合适的位置上。

六是 ROIC 评价。要充分运用 ROIC 指标来评价各个板块、各个企业的成长。

七是对标分析。要通过对标分析不断改进和提升经营管理水平。

八是经理人考核。要根据业绩评价结果对经理人进行考核和奖惩，对不称职的经理人及时进行调整。

九是战略执行报告。要与 6S 管理相结合，不断优化、完善战略执行报告内容，在现有事业部层面分析基础上，更加深入地反映主要经营单元战略执行情况。

十是战略回顾。现在每年在做预算，在此基础上还要建立一个战略回顾的系统，定期回顾、评价我们的战略是否正确。战略是否正确的关键是所选择的行业是否正确，包括我们的业务在行业中处于什么地位，该退出这个行业还是继续投入，有什么新的行业应该进入，等等。我们不能等一个行业不好了再去考虑进退，必须提前谋划。例如，拜耳前些年将材料科技部门剥离出来，成立科思创（COVESTRO）。虽然现在看剥离时机可能略微早了一点，但最起码可以看出拜耳的战略预见性，它要舍弃技术含量相对较低的材料业务，全面走向生命科学领域。中化集团的行业布局较为广泛，我们每年也应回顾一下这种行业布局是否合理、是否需要做出进退取舍的决定。

十一是研发创新。要把握好创新主体、创新方式、创新文化三位一体的中化集团"创新三角"，从集团、事业部、BU（业务单元）

等不同层面推进研发创新。

十二是HSE。对HSE（Health，健康；Safety，安全；Environmental，环境）工作也必须系统性地进行考虑。HSE不是如何做到90%的问题，也不是如何做到99%的问题，而是必须做到100%的问题。公司应当如何管理HSE、分几个层次、谁来管理、怎样管理、投入多少、如何问责等问题，都必须要有明确的规定，纳入一个整体系统来统筹。

十三是激励机制。公司必须不断改革激励机制，在投资控股型企业的大框架下有针对性地设计每个事业部的具体激励办法，推进员工薪酬福利机制和中长期激励机制的创新。

十四是财务管理。要深刻了解每项业务的财务风险，关注负债比例、应收账款、存货、周转率等指标的内涵，做好对相应指标的管理。

十五是人才发展。要定期对核心人才进行集中盘点，通过"九宫格"等方式评价其优点和不足，促进人才成长。

十六是企业文化。企业文化是一种思维方法，它的归纳提炼是企业发展到一定阶段后的结果，并不是企业发展的起点。我们需要对其进行系统梳理，让中化集团的企业文化可传承、可沟通。

十七是风险防控。风险防控不能仅仅依靠个别人，需要体系支持，通过对各项业务特点的总结思考，形成一个有效的风险防控系统。

这17个方面的内容，综合起来就形成了一套大的中化集团管理系统。我们要把它提炼出来并向下传递，一直落实到系统最末梢的每一位员工。这套管理系统的建立，也有助于我们把现阶段较好的经营发展势头巩固、延续下去，确保企业长远、健康、可持续发展。

（2017年7月）

> 如果战略清晰且目的明确，即使短期亏损也可以。

踏上高成长轨道，培育核心竞争力

从 2018 年预算看，在金融事业部里，信托公司消费圈金融业务收益虽然保持增长，但增速有所放慢，这不利于市场地位的维持。公司在发展过程中仅仅与自己的历史比较会被竞争对手甩掉。金融事业部里能够保证高成长的公司主要是信托公司，这其中消费圈金融又是主要增长源。虽然 2018 年金融监管趋严会影响信托业务的开展，但还是应对过往消费圈金融的成长性进行深入分析。外贸信托和中信信托同属国内第一批信托公司，与市场进行对标理所应当。金融事业部未来是以上市为目标的，这就要明确上市的卖点，如果没有成长性就不会有高估值，如果没有高增长的要求就会丧失成长性。外贸信托开展消费圈金融业务已有一段时间，积累了一些经验。而中国经济是人口驱动型经济，如果能把这部分群体做透，就能成为最好最大的消费金融企业。因此，金融事业部需要进一步详细分析成长性的来源。

金融事业部和能源事业部都要改制、要上市，员工要更好的生活，股东要更好的回报，这就要有良好的成长性，使业务所在行业和战略定位都在成长轨道上。金融事业部应有决心，把提出的战略纳入成长轨道。不怕不赚钱，就怕不成长，一旦不成长，市值折损会很大。金融事业部内各企业特征分明，但处在成长轨道上的只有信托业务和环保业务。环保业务的商业模式还要再明确，而消费圈金融业务值得大力发展。对于后者而言，如果战略清晰且目的明确，即使短期亏损也可以。金融事业部希望改制和上市，希望成为中化集团的金融控股企业，就应该把集团视为投资者，自己独立面对市场、独立成长，在金融行业中占据一席之地。这就要求我们在消费圈金融方面的技术投入不遗余力，如果能成为信息技术最强的信托公司，那将带来不可估量的成长性。因此，消费圈金融业务时不我待，应加快发展速度。做金融就是要把坏业务做好、小业务做大。

如何培育核心竞争力是各个企业都面临的挑战。以地产企业为例，做城市运营商应有很强的规划能力、招商能力。以快消品企业为例，品牌是核心竞争力，不能为了保住利润增长而不进行品牌宣传的投入。非银金融其实是在夹缝中求生存，传统信托模式的增长已经放缓，租赁行业也如此。如果仅做批发金融会不稳定，因为省钱不省力、省力不省钱；而仅通过股权投资方式参与消费圈金融业务可能也难以发挥作用。因此，金融事业部应继续加强核心能力建设。金融科技就是金融事业部的核心竞争力，应持续加大投入，不能被利润增长束缚。为了培育这个核心竞争力，中化集团会在人才、资本等各方面给予金融事业部全力支持。

（2017 年 12 月）

> 在我们所有的工作中，HSE 工作是最基本的要求，是所有工作的基础，没有了 HSE 这个根本保障，谈盈利、回报率、发展等都没有意义。

HSE

从集团整体来讲，2017 年是集团发展历史上很不平凡的一年，是具有里程碑意义的一年，这一年集团全面向好，业绩达到历史最高水平，集团在深化改革、创新发展、战略重建、管理转型、创业升级、销售收入、实现利润、改善职工生活等方面都取得了很好的成绩，五个事业部经营业绩都有进步，经营质量都有提高，希望集团全体员工与集团分享进步及整体业绩提升的成果。成绩的取得是全体中化人充满热情、干劲和斗志，不屈不挠、克服困难、努力拼搏、团结奋斗的结果，既有历史的积累，也有现在的努力，更离不开 HSE 的根本保障。

2017 年，HSE 工作顺应集团发展要求，总结吸取以往事故教训，重建 HSE 管理系统，为今后工作确定了清晰的方向和着力点；各单位深入开展风险防控和隐患排查治理工作，发现、整改了一大批问题隐患；集团上下在总部机构调整、权限下放、事业部组建、业绩创新高等关键时期，HSE 工作经受住了考验，总体保持了平稳态势，展示了中化集团作为央企的良好形象。

我们在看到成绩的同时，更要看到存在的问题。集团 HSE 形势依然严峻，基础不牢、事故仍未杜绝，很多问题亟待解决。我们讲底线思维，HSE 工作是非常重要的底线，是底线中的底线，怎么强调都不过分。2018年，无论是集团层面，还是各事业部层面，要面向新时代，立足新起点，把握新形势，从讲政治的高度抓安全，坚持问题导向抓安全，系统推进HSE管理，系统落实、系统管理、系统考核，真正把集团HSE管理推向一个新的水平，为集团改革转型发展保驾护航。

HSE管理不能凭经验、一阵风、碎片化，要尊重规律，科学管理，系统管理，抓责任落实，把管理建立在对事物规律的认识之上。事故发生虽然是在一瞬间，但它是问题日积月累的结果。抓安全不能心存侥幸，看不到问题是最大的问题，看不到风险是最大的风险，看不到隐患是最大的隐患。

一是要在系统管理上下功夫。2017年集团对HSE体系进行了优化，围绕人机料法环，重新构建了集团HSE管理系统，有理念、有要求、有方法、有标准、有流程、有工具，这是我们HSE管理的科学指南。2018年集团HSE工作的核心任务就是，严格按照"系统抓、抓系统"的工作思路，从集团总部到各事业部、一线企业，按照新的体系框架，层层对接，各有侧重，加快构建具有中化集团特色的科学有效的HSE管理系统。业务管理就是HSE管理，生产管理就是HSE管理，"一把手"要在所有决策、要求中把HSE落实好，HSE部门是协助，真有问题，第一个负责的是"一把手"。

系统建好了要培训下去，要在培训宣贯上下功夫，分层宣贯、分级培训，使系统内化于心、外化于行、固化于制。要强化执行，从规范干部安全管理行为、员工安全操作行为上下功夫，从过程管理和严格事故责任追究上下功夫，从增强员工安全意识、提升员工安全自保能力上下功夫。要使整个系统运转起来，使系统管理成为中化集团HSE管理的新常态，通过推进和系统提升源头安全、变化安全、重点安全、关键安全、动态安全、主动安全，取得系统性成效。

二是要在风险预控上下大功夫。安全工作绝不是靠运气，必须让整个管理系统运转起来。泉州石化运行三年半了，现在检修已经完成并顺利开车，这非常难能可贵。我们一定要有最好的硬件设施和最好的软件管理配合，不能用老旧的设备修修补补。各事业部要追求硬件上的安全，要通过产业升级、供给侧结构性改革，真正提升硬件水平和经营管理水平，这是最基本的定位和基本要求。安全生产光靠人是不行的。先进设备都用不了，产品、安全还有什么保障？不能因为设备太贵，买不起，就图便宜，找差的、旧的对付了事。图便宜不是聪明之举，是冒险。泉州石化从检修来看第一期建设整体不错，我们投入费用比较高。因此，安全投入是个基本理念问题，安全生产不能冒险。

三是要在责任落实上下功夫。责任制问题是一个老生常谈的问题，但也是最根本、最直接、最有效的保障。责任制不落实，所有工作都是空谈。落实安全责任制，就是要通过制度的形式，把一级管理一级、一级对一级负责的基本要求形成严密的管理机制。

安全责任制是一个责任体系，要讲科学。要真正理解"管行业必须管安全、管业务必须管安全、谁主管谁负责、党政同责、一岗双责、齐抓共管、失职追责"等原则的含义，不能简单停留在字面上，更不能上下一般粗，从上到下依葫芦画瓢。大道至简，不能搞形式主义，内容要精练、到位，多了谁也记不住。

安全责任制是一个管理工具，要讲实效。要形成可操作、可量化、闭环的责任机制，要界定清楚各层级、各部门、各岗位的安全责任，把哪一层、哪一级、哪个人负什么责任说清楚，从集团到企业，从党组同志到一线员工，该谁的责任，谁就要担起来。不能出现真空地带、模糊地带，干活找不到人，打板子都找不到人。

四是要严格制度从严问责。我们要将严格问责作为HSE管理的底线。就像足球比赛，对方进了球，不能只问责守门员，后卫、前锋没有起到作用，人家从后场跑到前场就直接进球了，最后一关没把好，追责要追到前锋，最终要问责到教练、问责到领队，问责制度必须严格执行。严格问责是一种重要的管理方法，绝不能客气，更不要不服气。

抓系统要从预防开始、从培训开始、从加强内部管理开始、从设备改造开始，要把前锋、中锋、后卫每一个环节都做好。集团HSE委员会首先要严起来，在问题面前不当"老好人"。各级班子和党政主要负责同志也要严起来，对"三违"现象零容忍，发生责任事故严肃问责。各级HSE部门更要严起来，依规从严问责，要严之又严、铁面无私，真正对员工生命、对企业根本利益负责。

对于我们来说，天天都是安全日，人人都是责任人。希望大家扎实工作，科学管理，用良好的安全绩效，努力开创集团HSE工作新局面，共同努力，逐步把HSE管理打造成集团核心竞争力！

（2018年1月）

> "科学至上"是我们的思想、信仰,我们可以把它做成一个可描述的、有内容的模型,把科学变成组织的信仰和文化,崇尚科学,崇尚创新,崇尚与众不同,崇尚企业的成长性。

明天,中化会发生什么

《科学至上》这篇文章发到网上以后,收到很多中化集团以外的人给我发的评论,我没想到会带来这么大的反响。他们提到对国企的理解、对国企的情怀、对国企的改造。

这个隆重热烈的篇章过去了,从明天起中化集团会发生什么呢?这是我们要回答的问题。下一步的执行、落实、丰富、细化、推进、修正、完善是我们的任务。

人类历史的进步就是科技的进步,所有的改变都是因为科技而发生。从这个角度来讲,这个大思路肯定是对的。但是反过来讲,为什么很多人还做不对呢?因为水平、路径、执行、组织、环境不一样。中化集团会走上一条真正创新发展的升级道路吗?中化集团会成为一个新的产业发展的公司吗?中化集团会成为一个创新发展的投资平台吗?中化集团会不断创新生产出好产品吗?中化集团会成为像流水线一样的创新公司吗?中化集团研发费用会增加吗?专利数多吗?新产品会多吗?科学家会多吗?科技产品占比会多吗?中化集团会变成这样的企业吗?如果大家对"科学至上"的认识统一以后,这就是我们的选择。

我们选择了这么一条路,这条路使我们的境界变得很高;使我们对社会的认识更深刻;使我们自认为对社会的意义变得更大;使我们做的每一项工作不仅仅是赚钱、养家糊口;使我们做的工作有了历史性的意义。

现在的互联网公司，如 BAT（百度、阿里巴巴、腾讯），它们有种很强的自我批评感，它们只是利用了互联网技术来做这个事，并没有真正实现对技术的创造。不管怎么样，我们应该创造。我们今天选择做年轻人，去创造，去探索，去有活力地扩展。

我们要怎么办呢？要改变我们的公司。过去我们思考，下一步就要执行，就要落实，我们基本达成了共识。千里之行，始于足下，只要我们开始了，不怕慢；只要我们相信了，不再变；只要我们路走对了，不怕远。我们一步一步往前走，因为这条路一定会成功，就看我们怎么去走。

处在不同的公司、不同的层级，有不同的责任。可能未来我们集团就变成一个控股公司，下面是业务集团，不同层面有不同的任务，所有人的目的都是使中化集团能变成一个"科学至上"的创新发展的科技平台。

下一步，我们要从八个方面来开展工作。

第一，做好"科学至上"的思维和文化系统的调整。"科学至上"是我们的思想、信仰，我们可以把它做成一个可描述的、有内容的模型，把科学变成组织的信仰和文化，崇尚科学，崇尚创新，崇尚与众不同，崇尚企业的成长性。"科学至上"这个词是我们自己创造出来的，将理想、信念、思维理念、文化系统，大小层面贯穿起来。格物致知、知行合一、"科学至上"是很有联系的，把它渗透到每个细节里，和行动一致。

过去我们一直在纠结是长线投资还是短线投资，研发还是不研发，科学技术占什么比例，好像一搞科学技术就不盈利了。我们最终把科学做好了，一定是挣钱的，因为这代表社会的认可。企业的发展存在一个拐点，到一定程度后越研发、越投资就越挣钱。商业模式里有一个临界点、关键点，就像营业额如果不到十亿元就老亏损，如果到了十亿元就利润越来越高，竞争力也强了，内生能力也强了，研发也好，自我创新也好，投资也好，都变成了非常自然的行为。这是我们设想的，希望中化集团能够很快达到这个点。

中化集团的科学春天到来了，实际上是中国的科学春天到来了，这不仅仅是号召，更是发展的自然，这是企业战略和市场趋势的一致。从公司来说，我们的团队、我们自身目前的基础和我们发展的欲望、发展的预期都是统一的。

第二，组织架构的创新。可以把它做成一个模型，各单位管什么不管什么，放什么权？人事权、薪酬权、投资权、品牌使用权能不能给？技术革命难，革自己的命更难。今天的革命就是调整角色和组织架构。集团是什么样的职能？研究院本身是有变化性的，工作方法不一样了，投入不一样了，市场的结合也不一样，怎么做？集团新的投资要不要成立新的公司？谁是创新主体？刚才说了很多，有研究院，有事业部，还有各个公司、工厂，这些创新主体本身必须有相应的管理，否则你也不知道怎么管。反过来讲，如果管得太紧了成果出不来也是一个问题。刚才说到创新，谁是新产品的驱动者，是科学家吗？科学家本身不知道这个产品上面能不能支持，资源能不能具备，他研究了半天也不敢大力推进。这确实需要科学验证，需要成本验证，也需要市场验证。

第三，如何选择进入行业。这是一个更难的问题，包括项目选择、创新行业的选择，什么方式、什么标准、谁来作判断的问题。不只是说理想很高远，热情很高涨，大家干劲很足，而是必须落实到每个具体的行业。

我们做一个什么样的选择才是贡献大？比如行业选择里，现有行业怎么来升级？比如MAP（现代农业技术服务平台），什么时候能做出一个有核心技术的模式？这个核心技术有两个特点：一是投入产出比大大改善；二是有"护城河"，成了一个具有独特性的创造。比如能源互联网，最终能不能在技术上解决支付、成交、物流问题，这些都是我们所面对的。化工方面，产品如雨后春笋，有多少春笋能够长大？这些都是现有的行业选择。这里有标准、有方式。真正的各类技术催生新的服务，消灭了老的方式。再往扩大走，我们可以做创新型的投资平台，可以做AI，可以做新材料。

国内独角兽里面有几个公司，过去都只是个小工厂，现在变得很大，为什么？抓住科技往前走，这就是行业的选择。我们真正做出一个模型，明确选择方式、判断标准、决策过程也应该是全员式的，不是一个领导就定了。要有新老业务的转换，要有新的往科学产业方向升级的发展规划。

第四，适应"科学至上"的体制机制创新。体制创新如果把它放窄一点，就是让每一个参与了科学创造、取得了一定成绩的人和团队，用多种形式分享尽量大的成果，我们要设计出来。项目组、创新公司、技术分红、技术投资、跟投、Pre-IPO、期权分享等形式，包括其他比较高级别的形式，都要设计出模型，逐步细化。

第五，对创新型科学技术项目的全过程评价。为什么讲全过程？因为从0到1就很难。刚开始做就觉得信心有问题了，再继续遇到困难了，评价起来没有多少科学的标准、没有多少文化和理念的支持，往往越做越没信心。谁来评价、如何评价这个新的业务？这个过程中必须支持，而且不能乱支持，不能笼统，得有科学的方法。

企业用什么评价？能不能用技术评价，能不能用团队评价，能不能用发展阶段评价？是要投入，还是要观察？是停了不干了，还是继续扩大？都得有一个基本的思路。不能碰什么说什么，根据自己喜好说。这要求团队有科学水平，没水平瞎说不行，光凭热情也不行。

第六，中化集团战略规划总体布局。有人说别布局，一布局就管死了，就没人做了。我希望有一些对大部分科学趋势都了解的、跨行业也可以做总体规划的人，提前三年告诉我们会发生什么事，这很难，但需要一个趋势性的判断。中化集团还得有一个科学全景图，知道现在全世界、全中国所有行业是如何发展的。我们不能乱撞，大概知道一个大图景，更知道相关行业是什么图景，投资热点是什么图景，新兴技术萌芽在什么地方，中化集团的科技地图方位在什么地方。我老说应该把我们目前的水平审计一下，到底现在我们是什么水平，总体水平是什么样子的。有大的规划以后，才能与所有的业务包括财务、战略布局、投资相适应，我们每年需要这么一个规划。

另外，以后每年如果开科学工作会，战略规划的基础是科学规划，没有科学技术不要谈战略。我们要相信理想，这个还是要有的。我们每年都需要知道大约是在什么方位、什么行业上，我们自己的努力、前进的程度在什么地方。如果我们知道这个方位就可以一路往前走。

第七，与集团"科学至上"、企业创新要求相适应的集团层面的改革。我们应该有一个非常有说服力的战略定位、战略转型的报告，有一个规划去发展。我们确实需要政策支持，也不希望大家老有后顾之忧。前面的市场有竞争，后面没有人支持，老是悬空，这个肯定不行。所以从这一点来讲，我觉得今天我们说到以"科学至上"转型，把公司发展成一个科技型的企业，更加有力支撑了中化集团作为混改和体制改革试点的创新。

第八，强调财务。为什么说财务？因为要算大账，算财务的预算。我们应该做一个走向创新公司的财务模型，所谓的模型里面是带函数的，互相之间有关联，有一些变量、逻辑关系在里面，才能知道我们是怎么做的。目前，中化集团的资产负债比例是低的，因为很多资产升值，而且有很强的现金流。反过来讲，根据目前的现金流盈利，我们应该做什么模型，如果不增加负债比例，我们每年可以投资多少，要把预算做出来。还可以采取引资等方式，不断扩大国有资本的控制力、影响力。当然，如果有了行业选择，有了战略规划，我们可以把财务计划做得更具体，投资到什么行业、什么项目、大概多少钱，这是一连串的过程，最终形成大的规模，精确起来后尽在掌握之中。这是我们努力的方向。

要做的工作绝对不只是这八项，可能是十八项。有事业部层面的，有研究院层面的，有集团层面的，有部室层面的，各类不同层面的人都应该行动起来。我们需要战略思维，需要制作一个包含财务、技术、人员的评价考核体制的大模型。根据这个模型，我们就知道去做什么、怎么做，预期性比较强。

在以上共识的基础之上，下一步要做具体的可执行的落实方案，落实到部门、公司、不同层级，推动中化集团走向一个真正的"科学至上"的创新平台公司，创造中化集团未来更美好的前景。

（2018年4月）

> 国企改革说了许多年，年年有成绩，年年也有不足，核心是效率问题。效率的本质是资本回报率问题。

高效率

国有企业在中国的重要性不容置疑，国有企业在过去30年来的改革进步不容置疑，国有企业在国家安全和重要战略行业所做的贡献、成绩不容置疑。

但如果把角度转向企业的微观层面，可以看出，中国的国有企业在净资产回报率（ROE）上比同行业的民营企业要低2到3个百分点，在负债比例上要高10到15个百分点，在贷款利息上要低1到2个百分点，在营业额及市场占有的成长率上也明显低很多。

那么不可避免的，我们要问个为什么。

这个问题不仅要从社会角度、体制角度发问，从资本角度问这个问题在今天来看尤为重要。供给侧结构性改革，国企做强做优，从追求数量转向追求质量，无论怎么说国企的事，这个问题都绕不过去，因为这是企业的本质。

国企改革说了许多年，年年有成绩，年年也有不足，究其核心是效率问题。效率的本质是资本回报率问题。天下事都有成本，都有投入产出，如果不算回报率、不计成本，啥事都不难，难就难在有限制条件。

20年前，我听时任四川长虹董事长倪润峰先生说过，长虹的经营理念在改革开放以后和改革开放以前是一样的。改革之前，地方国营长虹机器厂门口的墙上写着六个字：优质、高产、低耗。他说这六个字做到了，企业照样成功，关键是怎样做到。其实这六个字写的也是效率，是投入产出，今天称之为全要素劳动生产率。

国企改革推进这么多年，有人把国企改革复杂化、神秘化了，其实抓住根本，从本质入手，一切都很明了。如果说一个国家的经济运行效率主要表现在企业，那么国企效率的提升是必须的，国有企业净资产回报率的提升是关键指标，国有企业的改革也要把这个指标的改善作为评价因素。这是资本的视角。

党的十九大提出从管资产向管资本转变，意义何等深刻。国有企业的改革就是要把国有资本改到投资效率和其他形式的资本一样，否则就不能算成功。

国有企业如何管理好，过去多年来经过了不同形式的探索。在国有资本的所谓缺位、虚位、越位问题上不断有争论。国有企业改革的方式和路径也在不断深入，越来越适应市场竞争的要求。过往以治理结构改革为主的实践，现在转向探索混合所有制的改革。落实很多事情要有方法，不能让技术路径否定了改革的大目标。

（2019年1月）

社会、客户、股东、员工，我们所有的标准都是以人为基础的，每个人都觉得在企业中很舒服、被需要，而且对企业有贡献、有价值，这样的企业才是好企业。

世界一流企业

什么叫好企业，好企业的标准是什么？这是一个争论不休的话题，在中国企业自己写的报告中，可能我们都是好企业。昨天我开玩笑说，国内某所学院出了一份报告说它已经超越哈佛了，这是因为评判的标准不同，才会得出这样的报告。

大家最近都在讲中美贸易摩擦，都以为是政府间的争端，实际上是企业之战。如果今天我们的企业做得很强，竞争力也很强，成了世界一流企业，就可以不用谈判，一切开放竞争。对于暂时实力还不行的企业，关税就像保护伞，WTO（世界贸易组织）把不同发展水平的国家引入之后才制定关税政策。

从企业的本质来讲，什么是好企业？这个标准是随着社会的进步，各类评价系统的进步而改变的。随着企业本身的进步、投资者水平的进步、财务水平的进步及社会认知水平的进步，才能给企业一个准则。做好企业很难，评判企业的标准很多，而且这个标准是不断变化、升级的。盈利的企业是不是好企业？肯定是吗？不一定。有的盈利是坏的，意思就是你盈利了，但是浪费了股东资源。从亏损到盈利，再到发展、进步、成长，还要有战略及战略自身的持久性。当然，光有这些还不够，还要有社会责任，要有团队建设和企业文化，这一系列都是立体升级的。我们对企业的要求、对企业的社会贡献永远不满足，企业也因此永远面临着各类问题。

IBM是好企业吗？今天在美国来讲，它一定是好企业；在30年前它曾经是全球最好的企业之一。我见到IBM的CEO，是一位女士，她给我讲过一个令人印象深刻的故事。巴菲特是IBM的大股东，她说有一次巴菲特来到IBM，不乘坐私人飞机，而是乘坐商业航班，并且在约定时间提前一个多小时进入公司大堂等待。一个多小时后才有人看出这是巴菲特，给她打电话。巴菲特提前一小时到达，但是他不会去打扰其他人的工作。戴尔是否是好企业？戴尔的估值已经在下降，目前还正纠缠于官司之争，是什么行为使所有人的努力在一夜之间化为泡影？华为是否为好企业？对中国人来讲，华为肯定是好企业，至少从民族性角度来评判是好的。华为是真正的中国研发性企业，我很久以前认真研究过华为，我认为华为是长期做科研工作的企业，是一个好企业，这也是为何它能在中国众多企业中脱颖而出的原因。

我们今天没有资格评论这些企业，因为我们做得不如人家。好企业的标准是非常立体、综合的，而且这个标准在不断变化，是会随着时间的变化、技术的变化及时代的进步要求等改变的。另外，好的企业从不同的国家角度来讲也是不同的。改革开放之初，在中国最好的企业是外贸企业。曾经对外经贸大学的入学标准远高于清华大学，但现在不再是了。后来地产企业成为人们眼中的好企业，之后有一段时间是铁路、化工。继续往前发展，好的企业变成了金融企业、互联网企业。这些企业都是好企业，因为只有真正跟上了时代步伐并且不断完善自己才能成为一个好企业。

好企业的多重标准不断变化，使企业经理人必须要均衡发展，所有东西都要做好，有一件事没有做好都不行。比如说技术进步，日本的企业在我们年轻的时候就像是在天上的企业，有一批像索尼、松下这样的出色企业，当时能到日本学习是非常不得了的。但是现在不同了，我们国家的企业也在不断发展，时代和技术也在不断进步。好企业说起来容易，但做起来难。在今后的发展中，人工智能又将领先社会发展。

在中国如何评判一个企业是不是好企业？我不知道大家对使命、价值观、愿景及企业自身的文化有多大的认可度，但我认为这是核心的力量，影响着企业的每一个行为。

在这个基础之上，实际上把企业所有的标准因素融合，最终找到了一种逻辑关系，这是一种循环的关系。同时在这种循环关系之下，我们发现原来所有的标准最后全部落到"人"上，而不是"物"上。社会、客户、股东、员工，我们所有的标准都是以人为基础的，每个人都觉得在企业中很舒服、被需要，而且对企业有贡献、有价值，这样的企业才是好企业。

过去我们觉得社会责任是一个责任，是不得不为的事情，做了就会有成本。其实责任并不是成本，而是竞争力，是企业的优势。化工企业自身的安全性，包括环境的安全、生产的安全、健康安全等都是化工企业必不可少的因素。搞安全的人最清楚，今天可以做到安全生产，是比成本还重要、比市场还重要的。现在其他行业在政府招商中都备受欢迎，但是一提到化工企业则敬而远之，因为没有人随便乱招化工企业，用老话讲就是不能"捡到篮子里面就是菜"，万一不安全怎么办？政府将承担很大的责任压力。因此在企业标准中安全是第一标准。

一个企业要在社会中生存，战略性、运营性、研发性、供应链管理、创新布局等所有因素，最终的评价都将是客户和市场。企业的所有努力如果客户不知道，没有感受到，或者市场也不知道你做什么，没有收到任何信息，那么一切都将是无用功。可以说，企业有40%以上的事情和努力是无效的，因为市场和客户感受不到。作为研发项目，所有体制机制的准备花费较多时间，不论是资源性准备，还是人力财物的准备，所以很多时候我们往往将最少的时间放在最重要的工作上。因为前面有着大量的程序性且必需的准备工作。我们做了这么多的可行性报告，哪一个可行性报告又真的管用呢？几乎为零，但还是必须要做。之所以强调客户和市场，因为他们是最终经营成果的检验者、竞争力的体现者。这就是为什么客户满意度调查和市场份额这么重要的原因。

在过去的一个世纪中，核心竞争力的变化可能是品牌，也可能是资源，还可能是成本，但是唯一一个越来越重要的竞争力就是技术创新。为什么技术创新是企业的核心？企业的组织形式创造出来的主要责任就是创新。如果一个企业完全是程序性、规则性的，那这个企业是静止的，这样的企业不需要创造，政府可以做，团体也可以做。第一是创新，第二则是效率。要用最高的效率，最低的消耗，做最大的创新。创新是人类探索自然世界的过程，人在不断地调整与世界的关系，只有当这个交换关系越来越有效率，成本越来越低，人们的生活才会越来越好。

技术的发展带来效率提高，做不到技术创新发展的企业不是好企业。华为目前在 5G 技术上的地位，使中国人彻底明白了一件事情：技术教育太重要了。这里我还是要说到"宝卓"，我们研发的这种杀螨虫的农药，2018 年才开始上市，因为产品高效、低毒、低成本，可以说在过去一年以来发展势如破竹。目前我们还在继续扩产中，市场份额也在不断增长。我们期望这个农药产品能做到 15 亿元到 20 亿元的销售。是什么力量促使这个农药产品的发展？那就是化工的力量，技术创新的力量，因为你在自然界探索了新的物质。目前为止就企业自身的认识上讲，今天中化集团拿出 200 亿元来搞创新项目，没有人应战。为什么？其实只要你提出有大约可能性的科研项目就能得到支持，没有人说研发人员没有研发出成果会受处分，也没有人说哪个项目很好却没有钱支持。我们提出"科学至上"，挑战研发。对于自身发展怎么样，是否有原创性的东西，这点值得深思。

对于中国的化工企业来讲，特别是大的化工企业，一定要具有一体化的战略，对生产工具的组合，最后变成真正的有效的低成本。有好产品的企业不仅要均衡发展，还要赚钱，投入与产出的逻辑是关键。一个企业如果长期不赚钱，就会浪费资源，因为投入比产出多就是浪费。企业不赚钱，甚至电费太高都可能导致亏损，因为使用的资源多。从股东层面来讲也是讲求回报的。战略选择性也很重要，可以选长期的，也可以选短期的，如果我们股东选择的时候没有想过这些，却对企业提出各项要求，会使企业发展步骤错乱。

什么是好企业？以人为本的企业。我们经常做客户满意度调查和员工满意度调查，可以发现没有满意的员工就没有满意的客户，员工是人力资源，在研发企业中是最大的权重。过去我们评价一个企业，会评价其技术怎么样、产品怎么样、规模怎么样、负债怎么样，但这些其实都是在假设这个团队是好的情况下的评价，否则就没有这个可能进行后面的评价。我们还在假设，今天我们要创新，明天我们要发展，后天要与人竞争，我们一定要做成世界五百强，一定要改变体制机制，但其实到最后不管怎么改，还是要以人为本，要有好的团队。这个团队里最大的角色是股东，股东来选择团队的主要领导，然后企业领导团队去带领员工。作为研发企业来讲，员工的素质、员工对企业的忠诚度、员工自身的生产效率等这些水平和创造力都是非常重要的因素。

个人的作用和团队的作用是什么关系，是否团队中每个人都发挥了极大的作用，企业的评价机制是否正确，奖励机制是否正确都很重要。目前对科技企业来讲，在国家的政策、企业的政策都对研发和科技给予了足够资源支持的情况下，团队能否得到激励、奖励、成长非常重要。肯尼迪说过一句话："Ask not your country can do for you；Ask what you can do for your country"（别老问这个国家可以为你做什么，问问你能为国家做什么）。这是今天对科技研发人员的一个挑战。在所谓的大环境之下，科技人员自身要先做好自己，要真正地具有探索精神，真正地具有投入精神，真正地具有投入产出的概念，不能一句"机制不行"就完事了。

我们在充分肯定了科技的力量，充分支持科技之后，我也觉得科学管理的方式、运营的效率和创造力是不够的。

中化集团强调科学至上，在内部深入地去做研发驱动的企业，并且决定加大研发投资，加大并购，加大研发新产品，这些处处需要钱，但我们最怕的是有钱没有想法。谈到国有企业改革，很多院所都是国有企业，现在院所的改革远远落后于中央的要求，不是支持不到位，而是我们不知道怎么改，没有改革的方案。有一个院所称体制改成全部员工持股，人人持股，人人都有话语权。这也存在一个问题，每个人都想做老总，对企业本身来讲，怎么决策、怎么提升效率反而不清楚，这就滋生了新的问题需要解决。

激励体系不断在完善，激励体系要达到什么程度？现在很多企业在各种方面都有激励政策，如市场的激励、品牌的激励、协调的激励，到处都有奖励，但为什么企业还是不行？是因为体制不对吗？还是激励不够？作为股东来讲，在增量上加大激励肯定是可以的，在存量上如果没有这么多盈利还去搞这么多激励则是不可取的。正确的激励体系一定要考虑企业的实际情况。在对标管理方面，目前我们所面临的情况是越对标越心慌，越对标越发现自己的不足，我们应该分成多维度对标。

行业领先、受人尊敬、成为世界一流综合性化工企业，这是我们的标准，也是我们努力希望达到的结果。我从什么是好企业的标准切入话题，提出我们的努力方向，我充分认可研究人员的努力，充分激励大家也做出系统性的、看得到的、科学化的、管理有效的企业，使每个企业都能成为高通量型创新企业，努力成为世界一流的化工企业。

（2019 年 7 月）

> 那么究竟什么东西不过时、可以长期创造价值、给予企业生存机会？一是要有极强的竞争力，二是不断创新、不断研发、不断有新的产品出来。

协同、对标、攻坚

最近几个月，我带着中化集团和中国化工的管理层，一起到了江苏、大连、沈阳、深圳、浙江等很多地方调研。给我留下深刻印象的是，这些地方的下属企业尽管具体情况各不相同，但都有一个特点，那就是每一位员工都尽心尽力，非常关心、关爱自己的企业。在没有非常好的条件支持的情况下，面对复杂困难的外部形势，这些企业竭尽全力谋求发展，从管理、技术、产品、团队等各方面都有建树，管理团队有着强烈的谋发展欲望。

我去过不少企业，其实一个企业的好坏往往一眼就能看出来。这不一定和财务指标直接联系，有时候看员工的眼神就能知道企业还有没有奋斗的激情和发展的愿望。我们的这些企业，秉持艰苦奋斗、忠厚忠诚的文化，员工很能吃苦，不跟集团要这样那样的资源。我当时就想，这么好的员工，要干不好，问题肯定不在他们。这一方面说明我们的潜力、基础是很好的；另一方面也使我带着一种很沉重的责任感。如果大家都有这个思维、有这个精神，我们一定可以做好。

当然，我也看到很多问题——产品的问题、投资的问题、技术的问题、市场的问题。应该说，我们还有很多这样那样的问题，与国际一流企业差距非常大。我们要不断地换一个角度看自己，让我们这个企业在社会的、政府的、客户的、员工的和各个利益相关者的眼中不断调整、优化，才能行稳致远。

适应新的国际竞争环境

今天，我们面对的国际形势错综复杂，市场竞争压力也很大，这会直接影响公司的战略定位甚至某一项技术合作及产品的进出口。我们必须知道，世界形势发生了很大的变化。当今世界处于百年未有之大变局。现在看起来，这个变局可能会持续较长的时间。

过去几十年，我们经历了相对比较稳定、友善的国际环境和不断成长、一年比一年好的经济发展。这给我们一种错觉，世界是直线往前走、不断发展、一直变好的。事实并非如此，我经历过几次大的经济波动，比如香港楼价腰斩、中产阶级负资产等，很多人没有经历过，总以为发展速度不会掉下去。但是，今天经济高速的发展正在慢下来，不光是中国经济，全球经济都在减速。中国经历了快速发展之后，和其他发达国家的距离拉近了，但并没有超过。尽管如此，国家之间的竞争愈演愈烈，甚至变成种族之间的竞争。

这样的事情正在不断发生，政治、经济、贸易、技术，一直到民族之间的竞争正在愈演愈烈，而且将长期存在。国与国的竞争加剧，这切实影响着我们，影响着我们的企业，影响着我们的业务。国家之间的竞争，最终都将落在企业，表现为企业竞争和商业竞争。

中化集团和中国化工在全球很多国家有业务，我们生存的基础建立在国际业务、国际协同、国际产品、全球营销之上。作为一家商业机构，我们不希望受到更多非商业因素的干扰，但这已经是事实，必须面对。面对变化的环境，企业唯一能做的就是把自己做得更好、更有竞争力、更适合当下的国际环境。

科技创新是我们唯一的出路

过去这一年，我们讲技术竞争主要还是局限在数字经济、通信技术、互联网技术等方面，但是现在来看，石油化工行业、精细化工行业、农业化工行业同样面临这个问题。

在石油化工行业，上游的勘探开发过去是最辉煌、盈利最好的行业，但是慢慢地，勘探开发变得没有那么好了。于是往下游走去做炼油，但现在炼油也已经过剩了，炼油的过剩还会是一个比较长期的过程。再往下游走，做乙烯、芳烃，但我们知道，这一年多来，宣布要做乙烯、芳烃的企业越来越多。

那么究竟什么东西不过时、可以长期创造价值、给予企业生存机会？我认为，一是要有极强的竞争力，比如在大宗商品中具有极强的成本控制力，但这不容易，我们现在大部分企业既不比别人好，也不比别人便宜；二是不断创新、不断研发、不断有新的产品出来，这又谈何容易。

不要以为企业大了就好，企业大了问题会更多，因为负担更大、摊子更大、整合更难，大的企业如果自身合力不强，竞争力会更弱。我们所处的行业中，大的整合正在不断发生，拜耳和孟山都、杜邦和陶氏化学，包括巴斯夫等，因为面临外部环境挑战选择整合或调整，企业的价值可以瞬间消失一半，业务整合、团队调整、削减成本等，这些很多都是百年老企业，充分说明企业竞争之激烈和挑战之多，但我们面对的世界和行业环境就是这样。

在这个环境下，我们有非常好的基础、团队，每一位员工都渴望做得更好。但一个企业要真正发展，遇到的问题99%都不是员工的问题，而是方向、战略、组织架构、发展速度等方面的问题，这些都是我们这些经理人需要决定的。

中国化工和中化集团在中国化工行业内是否是第一名？看看中国石油化工联合会会长李寿生的书就知道，我们不是第一名。我们特别领先的优势并不多，同时还面临着很多问题：主业是不是足够清晰？主业里每个行业是不是做得很好？应该说，有几个好的，但是不多。在这个基础上，就有了今天会议的六字主题：协同、对标、攻坚，分别是什么意思呢？

协同是当前最迫切的问题

协同。协同这个词也是我在华润、中粮集团说得最多的，它代表着商业模式，代表着多元化企业存在的基本意义。如果没有协同，多元化企业就没有存在的必要。作为一家业务多元化的企业，我们面临的往往是业务复杂、管理难度高、风险增长等问题。看似规模大，实则也更容易被拆散。因此，我们要找到商业逻辑、技术逻辑、产业逻辑、产品逻辑上的协同效应。对企业而言，放在一起比分开来强，一定是因为整合了上下游及技术上的协同优势。

今天中国化工和中化集团两家企业面临的迫切问题，就是协同。协同是很容易找借口不做的，原因大部分都是从自身发展出发，因为资产、管理、上下游、价格等因素而认为难以实现协同。实际上，我认为所有拒绝协同的理由或借口，其根源是短视的思维。如果人心不通，总会找到借口不去做。

不去协同，分开来干会导致竞争力较低、发展较缓、容易打垮，因为体量太小，客户、竞争对手、市场都感受不到你的存在。当然，很难要求每个人马上都把眼光放得很远去理解，但我知道这是当下必须做的。无论是主动地做、积极地做，还是被动地做、被迫地做，反正都是要做。

无对标，不生存

对标。所谓对标，实际上就是学习、比较，就是看看别人怎么干。当然，我们不但要对标结果，还要对标过程；不光对标盈利，还要对标品牌、市场、团队。对标是个很好的分析自我、观察别人的过程，要继续稳定扎实地推动。

对标的过程也是一个生存的过程。未来对不了标的企业、不入流的企业、不能拿指标跟别人对比的企业，都是生存不了的。现在，无论是对企业自身的创新性、市场的细分、管理的细致还是对产业链每一个环节的要求来讲，无论是从定位、成本还是协同方面的要求而言，都是越来越高的。

对于化工行业更是如此。上次中国化工和中化集团一起开会，也讲到关于巴斯夫一体化经营的话题。这种企业的运行就像是精密的钟表一样，市场不好，就通过调整战略、人员、组织结构来应对。我们作为央企，是要对自身的生存负责任的。

我还要继续强调技术的问题，也就是"科学至上"的问题。这个问题太重要了，可能短期内不能马上见到效果，但这几乎是我们唯一的出路。对于这个问题，我们必须下大功夫去实现，而且要真正通过大的改革和调整来推动。到目前为止，我们的力度不够。我也去调研了不少的研究所，与许多科研人员进行谈话，我认为真正形成一种全员参与及源源不断推出新产品的Pipeline（管道）式的创新并不多。实际上，就是研究院所和企业的关系尚未清晰，是将研究机构变成企业？还是研究机构进行研究后再给企业服务？这些关系要怎么转化、怎么干才能形成驱动？又要怎么去激励、组织？由谁来负责好，是所长还是总工程师？这些问题都需要大家去思考讨论。

大家知道，"宝卓"是沈阳院农药所研发出的一款新农药，小药不大，却非常成功，供不应求，2018年赚了一亿多元，毛利率很高。为什么？因为它在创新、研发、技术方面好过全球竞争对手，就这么简单。我们如果能出个一两百亿规模的大"宝卓"，那什么都能解决了，可事情没这么简单。在沈阳院参加70周年庆祝活动时，我问下一个"宝卓"什么时候出来？"宝卓"的发明人很坦诚地说这个发明有偶然性。我就想，我们什么时候能把偶然变为必然？

我们提出"科学至上"，希望能够转化为科技驱动的综合性化工企业。今天我越来越相信，未来中化集团、中国化工的整个业务，一定是有大型的、有组织的研发和创新作为支撑。

不久前，我去杭州看了中化集团的地产业务，卖的也是科技。在消费升级、产业升级的过程中，没有科技，就没有别的出路。有人问我，老是说搞技术，我们又不懂技术，能力有限，压力很大。

要说搞技术，还真不是每个人都去搞技术，但我觉得要把握三点：第一，知道技术的重要性；第二，基本知道技术的逻辑；第三，知识管理和促进技术的应用。

找到发展的商业逻辑

攻坚。为什么要提出攻坚？业绩有一定的压力，要攻坚；"两化"合作也需要攻坚。是否能真正成功，一方面看我们这个团队能否真的统一思想、齐心协力；另一方面看能不能找到科学的路径和方法，特别是找到公司发展的商业逻辑和战略，保持前瞻眼光和包容心态，创造一个新的化工企业。

大家创造新局面的愿望极其强烈，每个人也都很包容，这是一个很好的基础。下一步要继续跟进，在我们的核心主业里，在相对比较短的时间内，通过整合、投资、技术进步，真正创造出几项有行业竞争力的业务模式和业务组合出来。

所有好的主意、好的做法都不是一个人想出来的，而是群策群力的结果，它的好处是相对完整、思想统一而且接近实际，这是一个很好的工作方法。

（2019 年 7 月）

> 从人类社会诞生企业这种组织形式开始，其目的无外乎让生产更有效率、让人们生活更好。即便我们今天不讨论使命和价值观，我们这个组织的存在也无非是为了社会好、客户好、股东好、员工好。

均好才可持续

我画了一个模型，试图用它凝练出企业中所有的要素，并揭示其中的逻辑关系。当然，这个模型还有待优化。模型的最中央是我们核心团队的出发点，包括价值观、使命和党的领导。这些是所有问题的出发点。公司的使命和个人的诉求并不矛盾，但也不完全一致。如果道德要求距离人性太远，是难以落实的；如果完全一致，那么人性中恶的部分就难以受到约束。

模型的外围是四个部分：社会、客户、股东、员工。从人类社会诞生企业这种组织形式开始，其目的无外乎让生产更有效率、让人们生活更好。即便不讨论使命和价值观，我们这个组织的存在也无非是为了社会好、客户好、股东好、员工好。因为我们是国有企业，股东好也就是国家好。在实际运作中，这些要素是运动、循环、交织在一起的，很难分开。因此，每个层面都必须好，就像一个人，眼睛、耳朵、鼻子都必须好。

我们提到均好性、持续性，提到国际领先的企业几十年以来持续进步，而在中国企业能活五年、十年已经不错了，过去这一两年几乎每天都有大企业出问题。这就是差距，因为国际领先可以做到均好，从而实现稳定增长。当然，均好也会带来问题，就是太慢了，太保守了，创新不够了。不过，这也只是有可能，并不是必然。

五步组合论

均好才可持续

169

BASF
- 理念
- 目标
- 方法
- 工作计划

HSE的工作计划及落实 → HSE的模型

企业公民 ｜ 创新
社会责任 ｜ 发展
HSE ｜ 国际竞争力
诚信有为 ｜ 形象
税收就业
民族企业

人民对美好生活的向往，就是我们的奋斗目标——习近平

以客户为中心（理念）
市场检验
产品创新
研究发展，科学至上 → R&D管理
战略引领（进出有序） 创新产品及竞争力
行业洞察
Verbund商业模式 → BASF → 一体化商业模式
（四个一体化）   产业逻辑
卓越管理，效率成本   计划落实……
产业布局（工业园区）
供应链管理

BASF理念：员工是最重要的资产

文化理念
素质提升
组织架构
团队管理
薪酬福利
管理基础
自身发展

股东利益的理念
治理架构
引改混改 ↔ 改革及回报率
股东取向

规模、回报
ROCE
业务整合
价值创造

ROCE评价

行动的安排

分类、原因、差距、
行动、反思、进步

（中心椭圆图：价值观、使命、党的核心领导 —— 社会、客户、股东、员工）

第一，社会

做一个有社会责任感的企业公民，目前成了企业经营的最高境界，这个理念和目标在很多特别是比较大型的国际化企业里面，几乎是第一位的，超出了股东，超出了员工，超出了一般的盈利。

其中包括很多内容：企业公民、社会责任、HSE（健康、安全和环境管理体系）、诚信有为、税收就业等。此外，我们还是个民族企业，说到社会责任，民族企业应该有一点民族性。我们还必须是很高尚的一伙人，道德情操非常高尚，目标非常远大，社会责任感强，对社会的关爱非常重，自我使命感很强。同时，HSE还要管得好，税收还要好。

当你发现企业里的人非常高尚、对社会作用很大，人们对美好生活的向往和追求的实现，是通过企业努力来实现的，这对企业自身来说，无疑是令人振奋的。我希望，今天这个模型的起点也是我们今后开展工作的起点，勇于承担社会责任，虽然说起来比较虚，但不做这个工作就会不能持续发展，就会不断受到挑战。

第二，客户

客户就是市场，这是最终检验我们的一个关口、一个标准。这一关过不去，企业肯定要完蛋。先有观念，再说行为，客户这方面也是一样，我们要先树立一个理念，即"以客户为中心"。从这个理念出发，可以延伸出市场检验、产品创新、研究发展、科学至上、战略引领、行业洞察、一体化商业模式、卓越管理、效率成本、产业布局、供应链管理等多个方面。

其中，战略引领包含两个层面。第一个层面是公司资产组合战略，即进出有序、行业洞察，也就是不断调整资产组合，不断适应市场对行业的需求。第二个层面是企业竞争战略，比如说一体化，行业确定之后可以做一体化、降成本、做研发、做好产品，这些都是企业竞争战略。

一体化包括了产品、研发、市场、信息，资产组合的一体化，具体来说，上游、下游怎么做；销售怎么做；研发怎么做；生产上下游、销售渠道、研发怎么联合；信息系统怎么联合；等等，在这里面价值创造，协同效应也就出来了。企业的整合绝对不是简单相加，一定是化学整合，不是物理整合，一定是发生了化学反应，产生有机联系，不是简单地相加。

关于产业布局，我们之前讨论产业园区的出发点往往是安全问题，觉得产业园区投资很大、不好管理。但我们越来越明确产业园区的确有一体化的技术逻辑、效率提高、战略创新在其中。未来，随着小型化工企业的逐步关停，安全管理水平高、产值高、技术水平高的化工园区将成为趋势。

过去我们的投资有很多是相对被动的，别人想卖给你，你再去买，这叫投行驱动型的投资，投行做一个牵线搭桥的角色。至于这个资产是不是符合我们的战略、符合市场，发展趋势如何，这些就不一定了。这就是一个机会性的投资，我们试图把它搞成战略型投资。而下一步，我们将主动进行战略型投资，大方向确定了、行业确定了，我们主动找到他们去购买，或者自己干。

第三，股东

股东，在管理课程里讲得比较少，大多不把他当成管理逻辑的一部分，但股东对我们来说很重要，因为国家、所有制对我们的要求几乎决定了我们所有的行为。

作为国有企业，国家是大股东，当然也有小股东、合资股东。股东利益包括了规模、回报、ROCE（已动用资本回报率）、业务整合、治理架构、引战混改等诸多因素。

我再次强调 ROCE 这个概念，它体现了占用的社会资源。特别是国有企业，几乎占用的所有的钱都可以被认为是资本金。

必须把国家利益的理念先树立起来，要意识到企业不是个人的，当我们做的时间长了，企业做得比较成功了，很容易会有这个心态，认为这个企业我说了算，不是这样的。不要说中国企业，国外企业也不是。

必须首先把打工者的身份踏踏实实地定下来，可以试图改革这个体制，对打工者有更多的激励，从而使公司发展得更好一些，但是不可以违背、跨越、损坏这个规则。

就中化集团来说，第一，要做好我们的企业，提升回报率、ROCE，知道我们和好企业的差距和努力的方向。第二，我们也希望通过引战、混改，让股东取向更市场化一些，但最终的目的还是要达到规模、回报率、ROCE 这些目标。

必须知道，如果我们在同行业没有新的资本进入，如果我们的回报率持续变低的话，有一天一定会完蛋，因为回报率高代表着创新投入和股东支持。

第四，员工

这个模型虽然把员工放在最后，但是员工作为企业经营要素里一个非常根本的要素，几乎是企业效率管理过程中的第一位。一个企业如果能够真正地让员工从心底认可这个企业的理念、使命、战略、经营方式，对员工的评价出于公心，在这个过程中员工完全将企业利益和自身利益联系在一起，这就是企业与员工关系的最高境界。

当然，有的企业管理员工靠严苛的纪律、打卡等，这在发展的某个阶段可能是需要的，但这样管理的员工不会有创造力。员工是最重要的资产，企业必须要有这个理念。过去大家把员工当作企业资产负债表上的负债来看，因为应付未付工资放在负债项下，但实际上员工是资产，而且是伸缩性和潜力最大的资产，也是最难评估的资产。公司的成功就是因为员工的成功。

但是如果只有员工，体制不对、战略不对，企业也成功不了。这个模型里任何一个要素都不能独立决定企业成功与否。企业这几个要素要呈现均好性。因此，对这些要素中出现缺陷的地方，要有专门的人和队伍去改革和改善，否则会连累企业的整体发展。

作为员工来讲，第一就是文化理念。企业文化这个事说得很多，重要性评价很高，但是大家抓不着、摸不着，不知道什么是企业文化，也很难去建立企业文化。企业文化是员工发自内心的东西。我以前写过一篇小文章，说企业文化就是散了会以后，员工在走廊里说的话。比如今天开会结束后，路上大家坐在一块儿，有几个反应：第一，完全不提今天的会，高高兴兴回家；第二，发牢骚，抱怨会议没用；第三，继续争论这个会，这应该是最好的反应；第四，称赞这个会太好了，这是完美的反应，但是不太可能。认为会议的内容有对的地方，也有不对的地方，还希望继续争论，这就很好了，这就是好的企业文化。

从这点来讲，我们大家必须发自内心地从公司使命、理念和战略出发思考问题，重视每个员工的利益，发挥每个员工的作用，共同打造公平、包容、阳光、透明的企业。大家发现，公平、公正成为当代社会比宗教、比任何教育都要影响人们更多的一种思维。每个人在公司里职务不同，不可能都当董事长，这没问题，结果不一样不怕，过程的不公平是问题。如果在一个公司里，公平性受到根本挑战，做事情不是出于公心，这个公司就完蛋了，文化变坏了。这里面最重要的是一把手和领导班子。有人说企业文化就是一把手文化，不太正确，但是一把手一定是一个对外影响力最大、放射性最强的一个人。从这点来说，员工共同的行为形成企业共同的文化。企业文化就是一种可预期的员工行为。

我们这一代人如果按照既定的战略走下去，只要看准了往前走，在价值观、理念上有一个认可以后，会发现这样做对员工最好，对公司也是最好的。

还有很重要的一点是员工的成就感和发展。员工有职业生涯，我希望员工在我们公司工作，不仅仅是养家糊口、挣点工资，而是工作一段时间后不光技能得到提升，他的理念、认识、对公司管理的洞察、理解都得到提升，变成更好的一个人。

企业有几万、几十万的员工，有可能比一座城市的人口都多。

但是，今天我们尽量去把它在复杂的系统中逐步分类，找原因、找差距，有行动、有反思，才有进步。如果明年我们再来看这张图，我们再看一遍，我们一定会有所提高，而且我们会把这个图画得更简洁、用得更熟练，用不着这么复杂，但每一个系统运营得更顺畅，这就是我们未来逐渐进步的一个过程。

以后我们再做什么事，必须有一个坐标体系，好还是不好，不要自己说。未来不管是大问题还是小问题，我们都可以拿坐标体系来看。我们再出一个新产品，就要问问自己的占有率、回报率和利润率与竞争对手比是个什么情形。从对标思维开始，对标以后找原因、找差距、找行动，不断进步，如果我们每年有一个小进步就不错了。

标杆管理是很好的一个工作抓手，我们就按照这个思路，持续、有力、不断地推进它，最终能够很快接近世界一流企业的经营管理理念、水平、系统，上到一个真正的轨道上来。中国市场给了我们一个更大的空间和发展，我们有自己的优势和潜力。我们把管理系统搞顺了，也虚心向人家学习。希望有一天因为我们对中国市场的熟悉、因为将中国人的聪明才智充分发挥出来，最终超越我们的标杆企业。

（2019 年 7 月）

> 中国企业现在更多的是"大","强"还需要努力。

大与强

2019年最新的《财富》世界500强榜单上,中国上榜企业数量达到129家,第一次超过美国,成为上榜企业数量第一的国家。这是不是意味着中国企业就"强"了?我想,至少在五个方面,我们的企业和美国的企业还存在很大的差距。

一是利润。虽然中国企业营业收入规模和上榜数量显著增加,但中美企业利润总量的差距并没有缩小。129家中国上榜企业与121家美国上榜企业比,利润总量少了约3000亿美元。

二是销售利润率。中美上榜企业销售利润率差距也比较大。2011—2019年,中国上榜企业销售利润率平均值为5.3%,而美国上榜企业平均值为7.5%。中国上榜企业比美国上榜企业低了两个多百分点。

三是净资产收益率。净资产收益率是一个重要概念,这方面的差距更大。榜单上所有500强企业净资产收益率的平均值是12.1%,美国上榜企业平均值达到15%,中国内地上榜企业的平均净资产收益率只有9.9%。

四是产业领域。美国上榜的121家企业处在什么领域?正是中国在谋求动能转换过程中想要发展的领域,例如医疗保健、信息技术及与生活需求关联度较高的日常消费品等。中国上榜企业还是较多地处在传统产业,如工业、能源等。当然,两国企业各自的发展阶段是不同的。

五是内在发展潜力。首先看研发投入，全球研发支出最高的1000家上市公司2018财年研发总投入7820亿美元，其中美国企业研发投入3288亿美元，中国企业仅601亿美元；其次看国际化水平，世界100大跨国公司的平均跨国指数为58.3%，而中国100大跨国公司的平均跨国指数只有16%。

美国作为老牌资本主义国家，其跨国公司有成熟的商业模式和贸易模式，今天反复来跟中国谈全球贸易逆差，总爱拿所谓5000多亿美元的贸易逆差说事，完全没有道理。我想来想去，美国巨额贸易逆差其实是个伪命题。在当前经济全球化、产业链国际化的过程中，贸易逆差这个概念其实并不存在。因为近60%的中美贸易逆差，可能是由美国企业和其他国际企业造成的，贸易逆差是企业国际化的结果。而美国每年对世界其他国家的5000多亿美元的贸易逆差是怎么支付的？除了借债、发行货币，还有一个方法：让美国企业在全球的利润回归美国。这里有个GDP（国内生产总值）、GNP（国民生产总值）的概念，它已经混淆误导很久了。

可以说，跨国企业的国际化利润支撑了美国的所谓贸易逆差。中国企业由于贸易顺差，但利润逆差，财富并没有得到本质积累。从这个角度来说，中国企业本身有责任，如果中国企业很国际化，如果我们在美国雇用很多美国人替我们工作，把美国人生产的产品供中国人民享用，就没有贸易逆差了。

2018年以来的中美贸易争端，实质上是企业争端。无论目前中美贸易谈判结果如何，最后还是会落到企业之间的竞争、较量上。从上面分析世界500强榜单可以看到，中国企业现在更多的是"大"，"强"还需要努力，包括盈利能力、回报率、收益率及产业核心竞争力都需要提升。具体到国有企业，就是要不断增强国有经济的竞争力、创新力、控制力、影响力、抗风险能力。

那么，面对这样的现实情况我们该怎么办？解决方案是非常复杂的，我提六个解决方案。

第一，国际对标（Benchmarking），必须全面深入地进行国际对标，不仅对标规模，也不仅对标当年的数据，要全方位深入过程地对标；第二，战略与主业持续聚焦；第三，产业升级，即新旧动能转换；第四，持续推动创新和研发；第五，改革体制和评价体系；第六，追求可持续发展。

我坚信中国企业一定能得到更好的发展。希望再过五年，中国企业不仅在规模上比美国强，在质量上也更强。

（2019年11月）

> 历史就是这么往前走的，一代人干一代人的事，每一代人都承担着这一代人的历史责任和使命。我们要打造世界一流企业，这是新公司的定位，也赋予了我们非常强的责任和战略使命。

小总部、大业务

历史是非常有意思的事情，它的起点和过程，每个人在当时的理解都是有限的，回头看时才能明白。中化集团和中国化工两家公司都拥有独具特色的历史。中化集团和中国化工联合重组成立中国中化这家新公司，不仅重新定位了公司，重新赋予了公司使命，而且使中国中化有更好的发展前景，拥有全新的战略方向。

这次总部整合，会把新公司带入一个创业公司的阶段。为什么这么说？从战略定位来讲，我们有大量开发新产品、新技术和新市场的任务；从公司年轻程度来讲，公司本身才刚刚开始真正地在一个新战略之下运营。这是非常激动人心的事情，特别对年轻人来讲是一个机遇。

当前的形势和任务

毫无疑问，我们生逢其时。中国经济发展正进入新阶段，全球化工行业的发展态势、国有企业改革的进展，这些时代背景叠加在一起，都在呼唤在中国产生一家有引领能力和创新能力的大型综合性化工企业。未来十年，中国一定会有企业超过杜邦、巴斯夫、陶氏化学。这是时代的召唤，是公司千载难逢的机遇。在很多行业里，通过二三十年的努力和进步，已经有很多中国企业成为世界领先的案例。

中国中化现在的平台够大、基础够宽，具备这样的实力和条件。整个集团在管理效率提升方面潜力很大，包括资金效率、运营效率等，我们应该和同行领先企业对标，思考如何进一步提高效率。目前，公司主营业务处在上升轨道，上市公司也比较健康，所以从大形势来看，尽管处在创业发展过程中，但环境和条件让我们充满信心。

我们有四项任务。

一是做好两家公司的文化融合。不仅是貌合，还要心合；不仅是心合，还要神合，真正变成一家企业。统一认识、统一思想，目标、文化、战略、路径……所有方面必须统一起来，胸怀要大、眼界要高。英雄不问出处，以公平、公正、公心来实现共同目标是基本原则。从文化上来讲，高业绩的文化、与人为善的文化、阳光的文化、群策群力的文化、担当作为的文化，这是基本价值理念。我们以此来判断和培养最适合公司未来发展的人才。

二是要按照市场的标准、规则和要求及业务基础，整合产业链、协同上下游。组织结构方面，希望以扁平化、高效率、直接管理为原则。产业业务方面，以产业链、创新、效率为原则。上市公司方面，充分发挥上市公司作用，通过市值、市场来评价、激励。战略方面，特别是行业战略，尽量少留中间层，不在大集团之下形成多元化小集团。产业形式方面，做到规模化、合并同类项、园区化发展，业务布局贴近市场。国际化方面，注重海外企业与中国市场和研发的协同。未来，我们希望变成更贴近市场和终端客户的公司，这种往下游走的发展趋势蕴含很大价值，对我们也提出了更大的挑战。财务方面，上市、现金流、效率，所有发展都将归结到财务指标上。团队方面，做好国际化人才、人才国际化的激励评价机制等。商业模式方面，做好协同发展、上下游发展，只有协同才能创造出高效率，特别是化工行业最适合协同，上下游联系很密切。要技术最好、成本最低、质量最好、价格最优，如果没有这样的产业链条，未来就没有生存力。

三是关注财务指标。首先要分清哪些"目前表现一般的"资产可以更好地发展，清晰定义、做好管理，找到有创业精神的人和团队去真正解决问题，这对年轻人来说是非常好的创业机会。同时，要确保业绩的稳定发展。主营核心业务的健康发展是最重要的事，我们可以结合波士顿矩阵方法，运用行业、盈利、前景等把业务分类，并最终通过上市公司的发展，使中国中化真正成为发展空间很大的控股公司。

四是建立新的架构、商业模式、管理体制和管理团队。如今，公司面对的是国际化、科技驱动、多元化的竞争市场，要求公司必须具备新的体制。总部职能部门完成整合后，必须发挥主观能动性，主动思考问题、调研问题并提出问题解决方案。关于企业改革问题，试点工作要继续推进。企业整合和改革应该是同步的，包括业务、供应链、商业模式、研发投入、团队激励和工作热情的全面升级，同时把握工作节奏与分寸。中化集团和中国化工业务整合必须取长补短，同时升级商业模式，一要致力于实现整体协同，二要加强核心产业链的竞争力。

"两步走"实现目标

为了达到目标，工作要分两步走。第一步是定位，应继续明确和加强集团职能部门的定位及能力。职能部门的功能和定位应服务于业务的发展。第二步是未来的整合。此次总部职能部门设置强调了未来发展的创新性、队伍的年轻化和管理的平衡，同时也着重强调了党的领导、纪律的监管和队伍的建设。

公司应推广"小总部、大业务"模式，规范总部作风，充分理解和支持一线业务。该模式应思考总部的效率和成本，总部的业绩和全公司的业绩如何实现有机挂钩。

中国中化总部一定是战略管控型的，最终管理的节点、核心点、利润点都落在各经营单位。对总部而言，如何创造好的环境、提供好的政策、进行适度的监管，使每个业务单元、专业公司都更好地发挥作用，是最主要的任务。

总部应该管什么

在当前战略管控型的架构下，中国中化总部最基本的原则是坚持党的领导、坚持党建引领，管好大的政治方向、管好整体的定位，使国有企业做大做强做优。在此基础上，具体从八个方面开展工作。

一是管战略，即集团整体的战略和每个经营主体的战略。所谓战略就是战略定位方向，也包括速度、风险、规模。每个事业部、专业公司的战略要符合集团战略。

二是管预算和评价。预算、评价不是简单计数，而是需要日常跟踪并根据差异不断纠正并解决问题。

三是管人和团队。经营单位的人事任命、评价，以及团队搭建，都是重要的任务。同时，总部职能部门的表现也需要被经营单位评价。

四是管财务。包括财务政策、现金管理、融资等。

五是管审计监督。重点是财务审计和巡视，这是其他工作的保障。特别是公司规模扩大后，审计的水平和力度要进一步提高和加强。

六是管协同。资源的统一利用、商业模式的整合对我们而言非常重要，很多国际化工巨头都是我们的老师，要多研究、多学习。

七是管数字化。当前公司数字化程度还比较低，下一步还有很大发展空间。这是一个长期任务，需要提到较高的位置上来。

八是管创新和研发。这里的所谓"管"是指"促进"。当前我们的科研基础还有待加强，必须群策群力解决这一关键事项，这也是创业型企业的一个特点。

对总部工作的九项要求

一是必须认识到企业的中心工作是发展好各项经营业务。我们的大目标和出发点是一致的，即建设世界一流的综合性化工企业，任务艰巨、使命光荣。需要提高政治站位，树立大局观。总部的监管、审批、评价等工作都是为了达到共同的目标、提升公司竞争力。

二是具备专业性。总部人员要加强学习，真正深入调研，提高专业水平，超越泛泛的行政管理做法，这对于中国中化的总部职能部门是非常重要的。

三是系统思考解决方案。化学是特别系统的科学，从元素周期表到化学物质的反应，我们公司管理也是一样，由于目前所处的发展阶段和行业特点，建立系统的思维模式对我们尤其重要。

四是协同沟通，上下沟通，内外沟通。协同无处不在，不仅是产业链之间的协同，还有区域的协同。比如通过协同，可以扩大公司在某个区域的整体影响力。

五是提高服务主动性，多提建议，多做参谋。今天任命的各职能部门负责人相对都比较年轻，一定要有服务意识。有一句话叫"低到尘埃里，开出花来"，意思就是要和业务真正融为一体。另外，要认识到集团的战略调整、创新方案、改革思路不是某个人提出来的，是事业部（专业公司）、业务部门在经营过程中产生的好想法，由他们提出来，被领导采纳或者支持了，这才是健康的工作机制。

六是严格监管方式，管理要有章法。比如，我们管业绩不能只管表面，还要管现金流、管风险、管运营质量。管理的章法很大程度上能在报表上显示出来，报表的设置能够充分体现出管理思维和管理水平，能够通过一个图表把一连串的数字或者现象准确和全面地表达出来，是非常高的水平。报表只是一个小例子，每个部门在管理中对于章法的好或者不好，标准要很清楚。

七是改进流程、提高工作效率和专业度。职能部门负责人要好好思考，总部的工作流程如何改革才能彻底贴近市场、提升运营效率，这也是我们整合的成果之一。

八是进一步加大创新力度。创新不是仅有技术创新，还有管理模式的创新、沟通方式的创新、评价方式的创新、激励机制的创新等来推动业务进步。如果没有找到创新的好方法、好体制，就不可能有"科学至上"的领军企业。当然，这个过程不是一蹴而就的。我们必须要有前瞻思维，特别是总部人员，是公司的"大脑"，掌握整个公司的大方向，影响整个公司的文化，必须树立一个目标。

九是有突破性的改革意识。从整个集团来讲，开展适合大目标的改革变成各个职能部门非常重要的任务。所谓改革，就是做得更好，更能够调动大家的积极性，更有效率，工作成绩更好。只有这样，我们才能真正做到"科学至上"，建立有核心技术、市场意识很强、在国际上有竞争力的可持续发展的公司。

（2021年6月8日）

奋力投身中华民族伟大复兴的光荣事业，积极服务国家发展战略。

持续创新技术和产品，持续优化经营管理水平，实现企业高质量、国际化发展。

建立化学工业领域世界一流的国有控股企业集团，造福社会，造福客户，造福投资者，造福全体员工。

公司使命

企业整合五步法：从物、人、制度、商业模式到文化融合

中化集团和中国化工两家公司整合在一起的步骤，可以分五步。

第一步是物的整合。包括物质性的资产合并、财务报表合并、新公司注册等。这一阶段需要注意的是，容易出现对真实状况不了解、信息共享不够等问题。

第二步是人的合并。包括合并办公等。在这一阶段，公平公正、任人唯贤、阳光透明是基本原则。

第三步是管理制度的融合。虽然都是国有企业，但在管理制度和管理方式上仍会有差异。一些制度细小差异造成的问题，如果不沟通清楚，也会被理解为"不尊重"，容易带来误解。

第四步是商业模式的融合和优化。除先正达集团以外，我们现在各相关业务板块的商业模式还没有更进一步的融合或优化。协同价值是海外企业并购中一项非常重要的指标。我建议2022年开始

集团层面设立协同奖，任何产业链整合带来的协同，不管是上下游也好、相关业务也好，只要创造出价值、服务了客户、提升了市场占有率、降低了成本，这个数只要能算得出来、看得出来，就可以评奖，要逐步发挥商业模式融合带来的协同价值。

第五步是理念与文化的融合。对企业使命、价值观、目标的认同虽然是一个长期的过程，但非常重要。相信我们的未来，相信我们的目标，相信个人价值可以在组织里得到实现，并能全身心地投入工作。

未来整合要按照这五步一步一步来。如果没有走全这五步，可能就会出问题。

总部与业务单元的四个矛盾及解决方案

我们花了很大的精力实现了"两化"职能的整合。这几天，我们又试图厘清总部和业务的管理关系，并确定总部各职能部门的定位。实际上，任何一家企业都存在总部和业务单元关系的问题，它们之间的矛盾是天然和长期存在的。为什么？我总结了四个原因。

一是目标的差异。前两天有人说，基层企业很多事是不能等的。他们有紧迫感，但总部不一定体会得到，因为目标不太一样。中华民族伟大复兴、企业高质量发展，从大目标上来说大家肯定是一致的；但从小目标来看，总部和业务，我有我的时间表，你有你的时间表，我有我的责任，你有你的责任，就体现了目标的差异。

二是专业理解的差异。什么叫专业？如何变得专业？总部要调研、要学习、要有专业态度，但要做到专业依然很难。当存在专业性不够，或者专业看法不一致的时候如何解决？如果不解决一定有矛盾。

三是流程和系统在管理上不衔接。从"两化"看，国内国外的企业不一样，制度和流程不一样，总部发挥的作用也不一样，每个人都习惯于自己那套制度流程，这是一个技术性问题。

四是态度问题。每个人都希望在组织里找到舒服的、能够迂回的位置，这个不能碰、那个不要说，不能得罪人，这样比较安全。最后变成大家都很和善、随和，没有人坚持、没有人提异议。

总部和业务的矛盾，大家开诚布公说了很多，我把它总结提炼成这四个原因。这些原因不解决，就永远有矛盾，我们就不是一个高效、有机的整体。

怎么解决这四个原因？

一是对职能部门考核、评价、奖励，要与集团整体经营目标建立更加紧密的联系。现在有一些联系，但不够密切。除了盈利之外，战略调整、社会资源、社会奖励等方面的进步，也可以和职能部门的评价相联系。

二是提高业务部门对职能部门打分所占的比重。作为职能部门，习惯于对业务单元考核评价。对总部职能部门的评价，公司领导打分所占的比重比较高。未来，总部要服务好每一个业务单元的发展，提高业务部门的打分比重。

三是对职能部门的考核要个性化、差异化。我们不仅要对每个业务的战略、评价、授权有个性化政策，未来，对每一个职能部门也要有个性化政策，因为功能不一样，人员组成也不一样，我们要让考核更加符合实际。

四是推动人员交流。总部人员交流到业务部门，业务部门人员交流到总部，这对个人成长和部门工作都有好处。业务人员对业务考虑得比较多，总部人员对宏观战略和集团的要求比较了解，通过交流过程可以换位思考，这样可以解决很多问题。

搭建战略模型

围绕总部14个职能部门管什么、服务什么，大家做了水平很高的聚焦讨论，对部门建设会有非常好的促进作用。比如集团纪检监察组的汇报说得很清楚，纪检的作用是保驾护航，保证公司健康运营，通过围绕"不敢腐、不能腐、不想腐"建立一套系统，集合力量为公司发展服务，目标一致性就体现出来了。

再比如，财务部已经形成了比较稳定成熟的系统，可以继续优化，形成有工具、有方法、有体系的管理框架。如果每个部门都有一套行之有效的工作体系，这就是我们公司自己的知识产权，也是公司进步的标志。新公司成立是最好的机会，我们应该借此机会建立、优化管理体系。体系建好了，就解决了效率问题。

我发现"战略"这个词在每个人心中都是不太一样的。有人把战略定义为"一万亿元、两万亿元"，有人要做大资产，有人要做大市值，但这不是战略，而是战略目标。战略本身是系统性、路径性的，肯定不是某个数字目标。战略的起点一定是市场需求和我们在市场中所处的位置。战略包括行业选择。战略还包括布局，国际化、园区化均关乎布局。作为一个体系，战略必须描述成用什么手段、解决什么问题、达到什么目的，从而搭建一个战略模型。

整合原则

整合是战略的一部分。上至国家战略、"十四五"规划，下到企业自身的技术、产品、产业链，把整合原则理清楚，对我们下一步的整合战略、未来发展有极大的帮助。比如按行业原则、组织原则、市场原则、风险控制原则、投资原则，都可以分类梳理。再比如，按产业链原则、园区原则、技术先进原则、上市公司原则等，可以分类排序整理出来，形成一个纲领性文件，为下一步整合形成好的基础。

分层次

以前我写过一篇文章《分层次》，不同企业可以被分为不同的层次，最高层次的企业是战略性强，能够利用各种资源、战略使公司处于活跃状态，最终体现在较高的市值上。我想给总部也分分类，大家可以反思一下，自己所处在什么样的职能部门？是什么样的总部？

第一类是最差的总部。最大特点是官僚主义，"我说了算，因为我是总部"，总部的权力体现于任命业务经理人。这样的总部会对企业发展产生误导作用，管理混乱、协调性差、钩心斗角、士气低落、战略误导、成本上升。

第二类是被动、低效的总部。总部可以履行最基本的职责，总部的各部门能够基本保持不混乱，但效率比较低。

第三类是比较配合的总部，相互之间有配合、有参与、友善、中性。

往上继续分类就是越来越好的总部。

第四类是主动、专业，并积极提供建议的总部或部门。

再往上还有两类，一类是赋能型、服务型总部；最上面一类是价值创造型总部。

总部在企业发展过程中会起到非常重要的引领作用，有活力、有热情、态度积极的总部会发挥正面引领作用。那么，我们将来要建设什么样的总部、达成什么样的状态？有战略引领、战略迭代、不断进步的企业，和那些守成都无法做到的企业相比，它们的总部有完全不同的状态。如果总部没有正面引领，那么这个企业就不可能是好企业，总部的好坏与业务发展必然相连。如今的中国中化拥有海内外二十多万名员工，沟通难度加大了，所以我们必须得有明确的总部定位、职能和优秀的总部工作状态。

（2021年7月8日）